盛世数字化转型应用实战书系
SS Digital Transformation And Application Of Practical Books

无接触商业

无接触经济下企业数字化转型之路

CONTACTLESS BUSINESS MODEL

姚广辉 ◎ 著

重塑
商业形态

重建
应用场景

重构
增长力量

中华工商联合出版社

图书在版编目(CIP)数据

无接触商业：无接触经济下企业数字化转型之路 / 姚广辉著. -- 北京：中华工商联合出版社，2021.4
ISBN 978-7-5158-3013-1

Ⅰ.①无… Ⅱ.①姚… Ⅲ.①数字技术-应用-企业经营管理-研究 Ⅳ.①F272.7

中国版本图书馆CIP数据核字（2021）第 064800 号

无接触商业：无接触经济下企业数字化转型之路

| 作　　者：姚广辉
| 出 品 人：李　梁
| 责任编辑：胡小英　马维佳
| 装帧设计：周　琼
| 责任审读：郭敬梅
| 责任印制：迈致红
| 出版发行：中华工商联合出版社有限责任公司
| 印　　刷：北京毅峰迅捷印刷有限公司
| 版　　次：2021 年 7 月第 1 版
| 印　　次：2021 年 7 月第 1 次印刷
| 开　　本：710mm×1020mm　1/16
| 字　　数：200 千字
| 印　　张：14
| 书　　号：ISBN 978－7－5158－3013－1
| 定　　价：68.00 元

服务热线：010－58301130－0（前台）
销售热线：010－58302977（网店部）
　　　　　010－58302166（门店部）
　　　　　010－58302837（馆配部、新媒体部）
　　　　　010－58302813（团购部）
地址邮编：北京市西城区西环广场 A 座
　　　　　19—20 层，100044
http://www.chgslcbs.cn
投稿热线：010－58302907（总编室）
投稿邮箱：1621239583@qq.com

工商联版图书
版权所有　侵权必究

凡本社图书出现印装质量问题，请与印务部联系。
联系电话：010－58302915

推荐序 1

"无接触商业"，顾名思义就是商家与顾客没有接触的商业。传统的商业是需要商家与顾客面对面交易的，一是为了看货、讨价，二是为了一手交钱、一手交货，这是传统商业不可少的环节和条件。

但是，自2020年1月底开始，新冠肺炎病毒肆虐，中国各地陆续启动了重大公共卫生事件的一级响应，娱乐性场所一夜之间全部关闭，酒店、餐饮、旅游业受到了严重冲击，在此特殊情况下，催生出了隔离经济的新业态，无接触商业应运而生并不断升温。无接触商业一方面是实体商业转为在线服务的知识经济，另一方面是无接触的商品采购和交换。

直到今天，这场疫情阻击战仍在持续进行，在重大传染病疫情面前，生命与经济谁才是发展的第一要素，对世界各国而言都面临着巨大压力，无接触商业则成了发展的首选，县学（北京）电子商务技术研究院院长姚广辉先生结合此次疫情和无接触商业新业态的诞生和演进，提出了"无接触商业"的产生、发展和前景，相信对我国企业的升级转型会有一定的指导作用。

姚广辉院长是数字经济专家，在电商扶贫领域取得过不俗的业绩，他领导的县学电子商务研究院在研究电子商务技术的同时，努力推动着中国企业的数字化发展。如今以无接触商业为主体的新经济已经逐渐渗透到普通人的日常生活中，新形势下的大数据、AI、区块链、O2O、5G等代表着最新的生产力、生产模式，我们无法用简单的几句话来评判新经济。而这本书对无接触新商业形态及经济价值所作的解读、解码，还原了无接触新经济的本来面目，可由此领略到无接触经济的精髓。

我们看到，大数据、云计算、AI等技术在信息传播、疫情防控等方面发挥的作用越来越大。无论是武汉火神山医院配备的"无人超市"，还是"送货机器人""送餐机器人"在医院上线后，工作人员只需要穿戴好防护装备，将餐食依次放在机器人托盘上，并在机器人的控制面板上输入相应的房间号，机器人就能迅速到达指定的房间，实现精准送餐。机器人还执行了递送化验单、药物等工作，甚至帮助我们的医护人员执行消毒清洁和导诊的工作。这种无接触服务，不仅简化了对患者看病的流程，在一定程度上也减轻了医护人员的工作量。更重要的是，在特殊时期，减少了人与人接触感染的可能性。

未来，无论世界的商业形态如何变化，人类都是一个不可分割的命运共同体，所有企业家都需要建立长期交流、合作的机制。虽然目前疫情已经基本得到控制，但我们不能就此停止，我希望能有更多有识之士，像广辉院长一样积极分享专业经验，为人类拓展医学能力和商业能力的范围贡献力量！

应作者之邀，谨书此文，是为序。

原国务院资深参事，第九、第十届全国政协常委
国家教育咨询委员会委员，县学（北京）电子商务技术研究院名誉院长

任玉岭

2021年7月

推荐序 2

新冠疫情以来,网上一键下单,等待送货到家,已成为人们购物的标配;学生们在家中通过线上课程实现"停课不停学";VR视频"线上看房",让忙碌的年轻人随时随地就能360度观看全景样板间,并通过"线上认购"完成对心仪房屋的签署认购流程;"云看病"解决了人们在特殊时期不方便去医院的困扰……

这些只是"无接触"服务的一个缩影,就是这样一幕幕熟悉的生活场景,在数字技术的加持下,为新的商业形态找到了延伸的空间。

广辉先生所著《无接触商业》,对这一新的商业形态进行了比较系统的梳理、总结,不少观点具有前瞻性、创新性。让我们欣喜地看到,"无接触商业"已经拉开新业态、新场景的帷幕。"无接触"催生出的新经济、新业态,在未来还

会诞生更多新工种、新职业。可以预见的是,随着5G等新基建的完善与赋能,"无接触商业"形态将在服务行业实现全覆盖。

对企业而言,未来行业的跨界与融合会更加凸显,无边界的商业时代已经到来。去中心化的分布式商业崛起、小众品牌大行其道,原金字塔式的企业管理模式面临新的挑战。可以说,我们正处在一个飞速变化的不确定性时代,同时拥有着无尽的机会与挑战。

本书涉及"无接触商业"方方面面，既有新商业模式等前瞻性思考，也有企业数字化转型等多方面的阐述，对于读者全面了解"无接触商业"的兴起、现状，机遇与挑战，以及未来的发展趋势等有较好的帮助，对企业运营实践具有一定的指导性和实用性。

当然，本书中有些观点还值得进一步推敲和完善，但这不影响本书的完整性和系统性。"无接触商业"还处于起步阶段，需要更多的探索、创新和不同的观点，以此促进新模式、新业态的更广泛应用，推进服务不断完善与提升。

国家商务部原巡视员　聂林海
2021年7月 于北京

推荐序 3

随着新技术的不断创新和内外环境不确定因素的增加，商业模式亦处于不断变革之中。一口气读完姚广辉先生的这本书，让我对当代商业和网络信息安全有了新的思考。通过本书我了解到，当今科技发展的迅速更迭和演进，新技术能够得到充分应用并且转化成智能数据，企业与消费者之间实现实时互通，消费互联网在高速增长的同时，产业互联网也开启了新的篇章。而在技术的驱动下，我国的疫情防控措施成果显著，也进一步推动了"无接触商业"的发展。

发展的背后，是"危"也是"机"。记得我在三年前"链上无限·2018年中国区块链产业高峰论坛"上的演讲中提到过：当前，新一轮科技革命和产业变革席卷全球，云计算、大数据、物联网、人工智能、区块链等新技术不断涌现，数字经济正深刻地改变着人类的生产和生活方式，成为了中国经济增长的新动能，并在众多领域有了广泛的落地应用场景。

众所周知，在万物互联的时代，网络具有平等、互动、个性化、去中心化、高度开放等特点，这些特点为构建诚信话语体系带来了新的机遇。近年来，我国积极开展网络信息安全技术研发，通过云计算、大数据、区块链等新技术实现认证鉴别、判断恶意攻击，为预防和打击网络违法犯罪行动提供了手段。另一方面，在无接触商业和数字化时代下，企业信息系统升级带来的是整个信息储量的增长，并且信息系统承载的信息价值的大小与数据被攻击所造成的损失，大小是成正比的。因此，新的商业形态对我们未来的网络信息安全行业也是有一定的刺激作用。尤其是当线上线下的边界越来越模糊，网络的攻击越来越直接地触达到现实中的物理空间，造成的影响和损失越来越严重。例如，大量用户数据被窃取、用户隐私被泄露，网络信息安全问题已经成为影响数字经济健康发展的重要因素。

当然，无接触商业还处于起步阶段，很多服务细节仍需不断提升完善。可以预见的是，由于无接触商业形态主要覆盖服务行业，而在数字经济时代，未来服务业通过通讯技术和大数据应用产生的交易会越来越多，所有相关行业有待进一步规范。服务可以数字化，但数字化从来不是简单的信息服务，它关乎大众的交易安全和生活品质。因此，推动数字化安全网络建设，通过协作统一、平台统一、管理统一，持续赋能网络安全管理，实现企业全域数字化安全也是当务之急。

最后，我衷心希望通过本书，能够引起社会各界对新商业形态和数字化信息安全的重视，和姚广辉先生一起汇聚优势资源，凝聚各方力量，加速推动无接触商业在实体经济领域的应用落地，推动我国网络信息安全产业的创新、安全、高速发展，更好地支撑我国经济转型升级和高质量发展！

工业和信息化部信息中心总工程师

童晓民

2021年7月

自 序
无接触商业续写后疫情时代新篇章

回顾一年前的新冠肺炎蔓延全球的景象，一方面，整个实体经济一片哀鸿遍野；另一方面，率先拥抱无接触商业的服务商、品牌商、码商，却迎来了前所未有的发展机遇。

中国还有80%的线下商户没有完成升级转型，据2020年7月30日，730支付宝合作伙伴大会·夏季峰会的数据显示，4个月里，85%的商家已实现"V"字反弹。

非典、汶川地震、新冠疫情，是21世纪前20年中国遭遇的三场特大灾害，每一次都损失惨重，但庆幸的是我们没有浪费任何一次顺势而为的机会。

2003年非典过后，中国开启了电子商务黄金时代，深远影响了国人的生活方式；

2008年汶川地震后，中国开启了互联网公益元年，"随手捐"成为数亿中国人的日常善举；

2020年的这一场新冠疫情，中国进入数字生活新时代，市场经济出现了无接触等新商业形态。

每一次危机都孕育着新的机遇，即使在疫情最严重之时，大量的餐饮和快销商户的自营到家业务也在蓬勃发展；无人零售蔚然成风，拯救武汉于万一的火神山医院里，就曾出现过由一家知名互联网公司提供的无人收银机；为防疫情，民众被迫居家隔离，整个在线服务业，包括在线医疗、在线教育、在线娱乐，都如雨后春笋般生长……

一面是企业遭受前所未有的危机，另一面是很多企业从"危"中寻找"机"。许多地方政府也陆续放开政策，鼓励中小企业和创业者们不畏危机，积极创新转型谋发展。所以，差别在于危险属于所有人，而机会只属于少数人。

企业的"机"究竟在哪里？

在我国，大部分企业都是中小企业，尤其是传统制造行业的中小企业。其实，无论疫情是否到来，这些企业无不面临着一种困境：他们很想要"鼎新革故"，却苦于找不到一条正确的转型道路，所以在原地停滞不前。在中小企业创新能力整体偏弱的前提下，如果我们可以转变观念，在恰当的时机，尝试做"第一个吃螃蟹的人"，或许就能在同质化严重、生存艰难的经济环境下找到一线生机。

在2020年疫情防控期间，全国人民足不出户，但生活并未因此黯然失色，外卖"无接触配送"守护着中国人"舌尖上的安全"；"远程医疗"、"在线课堂"为人们提供了足不出户的优质服务；美妆、服装等零售业大幅转战直播平台；文旅、音乐节纷纷被搬到线上……这一切都得益于"无接触商业"的快速崛起。"无接触商业"模式也让众多企业在新的领域找到了延展的空间，更让消费者在家中也能享受到更加多元化、多层次的服务体验。

自 序

所谓无接触商业，就是基于人与人、人与物"接触有限"或"没有接触"的经济，其本质是数字经济的一部分，和整个数字技术、人工智能、产业信息化这些基础支持密不可分。可以说，5G、大数据、人工智能、云计算以及智能物联等新技术是数字经济发展的基石，也是"无接触商业"顺利施行的技术载体。过去，人与人之间很容易面对面实现互动，而2020年以来疫情导致人们必须暂时隔离。那么，人和人、商家与消费者当面互动的成本大幅度增加，即便在线互动的效果可能没有线下体验那么好，但是对企业来说成本相对也低了很多，可以说是疫情将"无接触经济"和数字技术的潜能显性化了，因此，一系列的"无接触"商业模式被推向了前台。

今天，世界正在进入以数字化和信息化产业为主导的经济发展时期。早在2000年，习近平总书记在福建任职期间，就曾高瞻远瞩地提出了"数字福建"的重大决策。直到党的十九大，习近平进一步提出了建设网络强国、数字中国的战略目标，并多次就人工智能、大数据、区块链等前瞻信息技术主持中央政治局集体学习，推进传统产业数字化、智能化，引导传统经济与数字经济深度融合。

的确，在抗击此次疫情中基于数字化的无接触商业发挥了巨大作用，通过电商购物、外卖、在线支付等方式，确保人们可以在满足基本生活需求的前提下居家隔离；通过线上教学、娱乐、问诊等形式在家即可享受服务；各地有关部门则通过大数据分析等手段对人流进行精准管控，阻断疫情传播。可以说，数字经济是疫情期间缓冲作用最大、最有效的经济形势之一，它不仅帮助我们解决了消费难、采购难的问题，同时也是中国社会在特殊时期实现平稳过渡的坚实基础。

2020年3月26日，一场应对新冠肺炎的G20特别峰会在北京召开。

会上，习近平不仅倡议各国同舟共济、加强合作，推动构建"人类卫生健康共同体"，还提出一系列举措，推动后疫情时代的企业"化危为机"。这一年，我们研究院参与推动了以六盘水市为代表的贵州刺梨产业升级，携手法国国家实验室开发了香榭儿口腔喷雾，由复星集团代理，在天猫国际达到垂直类目第一，其产品附加值也提高了近150倍。

从精准扶贫到乡村振兴，从工业经济到数字经济，中国力量一直在贡献着世界。习近平指出，疫情加速了5G、人工智能等新技术、新平台、新业态兴起，在线教育、远程医疗、网上购物等"非接触经济"加速到来，为我国经济复苏企业发展提供了新的思路。为此，世界各国也应加强数字基础设施建设，打造利于企业发展的数字经济环境，同时加强数据安全方面的合作，创作国与国之间公平竞争的环境。二十国集团就此建议达成共识并首次写入领导人宣言。

对中国而言，中国社会对数字化生活实践的需求将进一步增长，我们要做的就是把这种行之有效的数字化方式继续推广下去。让那些可行的实践成果为促进我国数字化就业、降低企业的成长成本和各界人士的学习成本提供经验借鉴。

而作为数字经济的重要组成部分，"无接触商业"不仅是我国应对此次重大突发性公共事件的重要助力，更为我国未来新经济体的可持续发展处于全球先进水平奠定了基础。尤其在在电子政务、远程办公、在线教育、远程医疗、电子商务、移动支付、智慧物流、共享交通等领域，在我国的普及程度越来越高、业务模式也越来越成熟。因此，"无接触商业"这种基于新技术和新需求的新商业形式，对于我国整体经济以及企业的数字化转型升级具有重大意义。

当然，我们也要看到，新事物的发展要经历一个漫长的周期，目前

自 序

"无接触商业"还处于起步阶段，存在着基础设施、服务标准不完善等问题，尤其在我国经济欠发达地区的普及度并不高，加之很多传统企业缺乏向线上转型的能力。为此，帮助企业看清大环境、情势的变化，为企业转型提供可参考的样本，这是我创作本书的初衷。

客观地说，在外部大环境发生改变，企业的生存环境越来越不乐观的情况下，几乎所有企业都面临这压缩开支、减员甚至停止招聘的风险。但时任英国首相丘吉尔曾说过，不要浪费一场好危机。消费市场在危机关头，正是企业储备人才、厚积薄发的好时机。就眼下来说，企业转为危机最好的机遇就是把握当下新出现的商业形态——无接触商业。其实，"无接触"并非一个新词。在数字化经济时代，"无接触"的商业形式雏形出现，只是还没有大规模爆发以及形成系统的商业模式。而2020疫情进一步加速了"无接触"这种新商业模式的到来。在这样的背景下，商业生态和形象发生了怎样的变化？商业模式是怎么变化的？对生活和企业有什么影响？催生出了哪些新场景？对企业数字化转型有什么意义？企业如何在安然度过危机的同时，重构增长力……这些都是本书重点探讨的内容。

关于写一本《无接触商业》的本书，是在疫情期间视频直播火神山医院搭建时开始萌发的念头，为武汉加油，居家隔离陪五岁的女儿用手工做了火神山医院的模型之后，我决定开始执笔。

2020年4月30日，在各方数据的支持下，本书第一稿完成，随即而来诞生了5G技术驱动下的"基于场景交互的电商"概念。随之而来的是为出版做准备，而在此刻收到了出版社对本书书名和内容的论证，出版社倾向于数字经济，而我坚持使用《无接触商业》做书名。

2020年11月20日第二稿出来，这一年无接触被体现的淋漓尽致。与此同时针对出版社提出无接触商业的伪概念、时效性、非新商业模式等我一一做了论述和论证，可以肯定的是无接触商业并非2020年初才提出来的，它是疫情期间新的生活方式的需求驱动。

2021年6月22日是我和媳妇结婚12周年，这被称之为丝婚，而我却在这一天温习了"丝路电商"。作为中国电子商务的一名老兵，我深切的感受到自2016年以来，中国已与多个国家签署电子商务合作备忘录并建立了双边电子商务合作机制，如今我们的合作伙伴遍及五大洲，"丝路电商"成为经贸合作新渠道和新亮点。

2021年6月28日，我得知北京市将在8月份召开全球数字经济大会，并收到出席大会论坛主旨演讲的邀请函，我脑海里闪现了数字货币的光芒，不仅仅是货币，无接触经济下的企业数字化转型、乡村数字化建设、政府数字化政务都将会如期而至。

商务部按照国家主席习近平提出的建设和平之路、繁荣之路、开放之路、创新之路、文明之路的要求，深入推进"一带一路"经贸合作，发展"丝路电商"，打造国际合作新平台的行动已经覆盖了22个国家，未来还会以更快的速度递增。我工作负责的县学（北京）电子商务技术研究院也与法国国际智慧实验室签署了共同促进农业创新和农产品高质量发展的战略合作协议。

互联网经济赋能实体经济的发展是大势所趋，"无接触"本身就是数字经济的一部分，它的发展与数字技术、人工智能、AI、大数据、云服务、产业信息化等基础支持密不可分。

概括地说，这不仅是一本帮助企业重新思考、快速"回血"的落地指南，更是区别于市场同类"数字化"书籍的前瞻性的有思考、有洞见、有格局的"未来书"。本书从"无接触商业"成因、发展现状及未

自 序

来趋势等背景分析出发,帮读者全面分析"无接触"的涵义,认识到庞大的消费需求必然催生新的业态,同时倒逼企业发展,呼唤时代共建。以此背景为基础,为新的"无接触商业"形态画像,进一步解析新商业形态对人们生活、企业的影响,以及带来什么样的心消费模式、新就业模式,重新认识企业转型之困。

为了帮助企业人重新思考、重构增长力,以"无接触"催生出的无接触超市、无接触餐厅、无接触教学、无接触就医、无接触办公、无接触娱乐、无接触零售等新消费场景为转型突破口,为企业提供了从数字化到数字化转型的新思路,以及重构增长力量,引导企业新经济可持续发展的转型策略。本书将帮助在"特殊时期"更多迷茫的中国企业家、管理者完成商业模式创新。

决定一个企业持久竞争力的除了专业,还要有能够快速迭代创新的能力。大部分企业都被卷入这场措手不及的危机中,但所有企业都可以正好为未来长远发展积蓄更深厚的力量。毕竟,我们每个人都是和大环境密不可分的命运共同体。每一个人和每一个优秀的中国民族企业,都将一起助推着我们这个时代,浩浩荡荡地继续向前进,续写后疫情时代的新篇章。正如习近平总书记在"十四五"规划和2035年远景目标纲要中提出的"加快数字化发展建设数字中国",强调"打造数字经济新优势"。这为我国在无接触经济时代的发展指明了方向。而发展数字经济的重点,是推进产业的数字化和数字产业化,推动数字经济和无接触经济深度融合,提高中国数字产业集群的国际竞争力。在宏观方面,加强数据库建设,让经济调控更加科学,促进我国以更高的水平参与国际经济合作;在微观方面,通过数字技术推动中国企业,尤其是小微企业转型升级,并通过多维度、多视角的数据分析评估体系,扶持小微企业逆流而上、繁荣发展。

目前，我国经济正处在爬坡过坎的转型升级时期，无接触商业模式下，让数字经济与传统产业深度融合继而形成新业态、新模式，有利于我国经济增长方式的转变和企业转型升级，增强我国经济发展的韧性，为中国经济的发展提供强劲动能。

"沉舟侧畔千帆过，病树前头万木春。"

未来，中国依旧会坚定不移做"世界和平的建设者、全球发展的贡献者、国际秩序的维护者"。打开后疫情时代的大门，我们中国的企业必将如凤凰涅槃，浴火重生，迈向一条更加广阔、充满希望的阳光之路！

姚广辉

2021年3月

目 录
Contents

第一章
"无接触商业"应时而生

第一节　"无接触商业"加速到来 / 003

第二节　"无接触商业"模式新生态画像 / 008

第三节　未来可期：万物皆可"无接触" / 014

第四节　"无接触商业"模式下企业转型之困 / 017

【新商业思路】在新商业形态下，企业应提升"自我纠正和修复"的能力 / 020

第二章
无接触+零售：积极推进线上与实体门店的离店销售

第一节　无接触经济对零售业的影响 / 025

第二节　无接触超市：在进化升级的试错过程中迅速发展 / 031

第三节　无接触餐厅：重塑餐饮新业态 / 037

第四节　着力人、钱、货三方面，寻找到转型支点 / 044

【新商业思路】运用新模式降本增效、提高营业额 / 049

第三章
无接触+医疗：实现医院智慧化建设

第一节　什么是无接触就医 / 055
第二节　正在被颠覆的就医方式 / 061
第三节　"互联网+"医疗 3.0 时代来临 / 064
第四节　远程医疗与智慧医疗走进寻常百姓家 / 067
【新商业思路】大健康产业危与机并行 / 071

第四章
无接触+教育：云在线教育新风口

第一节　在线教育的变革才刚刚开始 / 077
第二节　抓住风口，收割新一波红利 / 080
第三节　猿辅导的逆袭 / 084
【新商业思路】在线教育的变革才刚刚开始 / 087

第五章
无接触+物流：数字化加速打通物流最后一百米

第一节　什么是无接触物流 / 093
第二节　逆流而上的顺丰 / 096

第三节　美团外卖：引领企业社会责任新方向 / 099
【新商业思路】后疫情时代无接触配送何去何从 / 101

第六章
无接触+各行各业：未来皆可"无接触"

第一节　无接触娱乐：增加体感互动的在线娱乐 / 105
第二节　无接触金融：数字货币的春天 / 113
第三节　无接触办公：在家开会、考勤，实现无边界办公 / 119
【新商业思路】无接触模式开启数字办公实践 / 126

第七章
数字化转型助力企业重启增长

第一节　什么是企业的数字化转型 / 131
第二节　数字化时代的十大商业力量 / 135
第三节　企业数字化转型的"变"与"不变" / 139
第四节　数字化转型不能一蹴而就 / 145
【新商业思路】数字化是企业转型的核心驱动力 / 148

第八章
"无接触商业"生态下，企业数字化转型的路径

第一节　飞鹤：因疫而动，化危为机的数字化转型 / 153

第二节　星巴克：持续升级"无接触"服务 / 157

第三节　欧莱雅：通过营销3.0实现数字化转型 / 162

第四节　蒙牛：端到端全产业数字化改造 / 166

第五节　长三角区服饰龙头企业逆势上扬 / 170

【新商业思路】企业保持高增长、高成长性的关键 / 173

第九章
行则将至："无接触商业"引导企业可持续发展

第一节　"无接触"经济下，各行业如何安然度过危机？/ 179

第二节　"无接触"经济下，各企业如何安然度过危机？/ 188

第三节　未来商业服务新生态：交互式场景电商 / 192

第四节　从数字到场景的新商业规则 / 197

【新商业思路】不浪费这个时代的每一场危机 / 200

第一章

"无接触商业"应时而生

面对新冠肺炎疫情的冲击，2020年1月下旬起中国各省市陆续启动重大公共卫生事件一级响应，要求关闭一切营业性娱乐场所，取消各种聚会，各个行业调整上班时间，甚至严重地区禁止出入小区。

　　大型商超苏宁转战线上销售，推出"无接触配送"和"到店模式"两种选择；面对中考和高考的孩子们，线上教育也陆续推出；网站直播也热火朝天……防不胜防的行业危机使"无接触商业"加速到来，很多行业巨头先人一步看到了"无接触"服务的商机。

第一节 "无接触商业"加速到来

一、什么是"无接触商业"?

在线点餐、在线付款、餐品制作完成后送至指定区域、消费者凭单号自取……

面对新冠肺炎[①]疫情的冲击,各式"无接触"服务走进我们的视野,随之,"无接触商业"这一概念备受追捧与热议。

"无接触商业",顾名思义,是指通过线上交易、线下定点配送、用户自提等方式,在商业活动中避免人与人之间的直接接触的商业模式。

例如,盒马鲜生等无接触超市;麦当劳、肯德基等无接触餐厅;美团外卖等无接触配送……这些都属于无接触商业的范畴。作为新的经营模式,"无接触商业"能让消费者享受更加多元化的体验与服务,并将在一定程度上重新定义服务场景、重塑商业形态,同时催生更多新技

---

① 新冠肺炎:新型冠状病毒肺炎(Corona Virus Disease 2019,COVID-19),简称"新冠肺炎",世界卫生组织命名为"2019冠状病毒病",是指2019新型冠状病毒感染导致的肺炎。

术、新模式、新业态。

当然，非常时期的"权宜之计"能否变成发展壮大的不竭动力，仍需各界共同努力推进。首先，从政府层面来看，既要包容创新、鼓励参与，又要完善监管方式，严守法律底线，为新商业模式创造一个良好的发展环境。其次，从企业层面来看，既要不断转型，解决新模式下存在的盈利模式不清晰、服务标准缺失等问题，又要用更高品质的消费体验和更优质的服务赢得消费者的信任与青睐。

二、"无接触商业"为何会加速到来？

面对2020年突发的疫情，对所有企业难免造成生产滞后、员工停工等负面影响。如今，尽管中国疫情已经得到基本控制，经济复产复苏，但在本书截稿之时，全球疫情的状况依旧不容乐观，许多国家的感染人数仍处于上升趋势，其中还有很多不确定性因素随时改变着疫情态势。就中国的实际情况而言，"无接触商业"的加速到来，离不开以下几个背景：

1. 疫情冲击

最直接的因素就是疫情冲击。尤其在2020年初，疫情在全国范围内爆发，防控形势紧张。从消费者的角度来看，人们在家与外界隔离，大部分地区超市货品被抢购一空。当人们的基本生活都出现问题，购物需求无法满足时，"无接触商业"这种新商业模式不仅可以减少人与人接触时交叉感染的风险，也能帮助企业以其他形式实现复工的需求。从企业生产的角度来看，在疫情防控期间，多数商场、商超被迫暂停营业。企业因此出现库存大量积压、房租成本增加与资金运转不灵等问题。在安全系数可控的条件下，"无接触商业"既能满足顾客需求又能扶持商家完成销售，最大限度降低闭店所带来的损失。

2. 大量"无接触"需求

很多人的春节假期计划被突如其来的疫情打乱。居家隔离的强制规定，联防的多种措施，促使"无接触"服务的需求大量增加，推动了"无接触商业"的发展。

疫情期间，无论是餐厅还是酒店，都尝试性地推出了无接触服务。例如，某些平台会对商家的店内消毒记录、人员健康信息、体温测量、后厨环境等因素进行考核，针对考核合格的商家，平台会在商户页面增加"安心餐厅"的标识；北京、上海、广州、重庆等很多城市的连锁酒店，都在酒店大堂安置了自助入住终端设备，办理入住和退房都可以通过该设备完成，整个过程仅需几分钟的时间，降低了人与人之间因接触而进一步传播与扩散病毒的可能性。

3. 技术驱动

随着环境的变化，商业也在不断变革，从线下实体到PC互联网，再到移动互联网，到全网、全渠道、全域融合的新零售时代。科技发展迅速更迭，以前是以企业为核心组建系统的技术架构，现在是以消费者为中心组建互联网应用技术架构，企业与消费者之间实现实时互通，新技术能够得到充分应用并且能转化成智能数据，为日后形成新型商业形态奠定基础。在消费互联网高速增长的同时，产业互联网也开启了新的篇章。

无论技术如何发展，商业的本质是最终要将企业的视线拉回经济增长上来。

在技术的驱动下，我国的疫情防控措施成果显著，也进一步推动了"无接触商业"的发展。技术的驱动力主要体现在以下三个方面：

（1）"健康码"技术助力复产复工

杭州率先推动了健康码并向全国普及。健康码的逻辑是把可能与易感人群接触的人打上红码，这些人需要在家隔离14天，健康码的颜色才会转变。而那些持有绿码的人必须坚持每天打卡，才能让大家知道他没有接触过易感人群。健康码的重要作用在于开放了健康的人，能够配合科学防疫推动精准复工，让企业安心复产，让员工放心复工。

（2）"防疫精灵"技术定时推动疫情动态

"防疫精灵"是由阿里健康、阿里云、阿里钉钉联合推出的机器人。当时的背景是，眼看企业复产复工在即，如何才能将防疫措施落实到个人，是绝大多数企业面临的难题。不只是针对企业，同样，要让人民安心，就要随时让他们了解外界到底发生了什么，缓解他们的恐惧心理。很多公共场合通过"防疫精灵"机器人、人工智能技术来推送信息，可以实现实时疫情动态分析，为人民构筑一道健康的安全防线。

（3）数字化技术的普及和应用

面对新冠肺炎疫情不同阶段的防控任务，浙江省传染病疫苗与预防控制研究重点实验室创新研究出了"五色图"，并被浙江省委采纳应用到疫情防控工作中。"五色图"把人群的密度和哪些地区为敏感区域用不同的颜色标记出来。随着数字化技术的普及与应用，有关部门还将在卫生公共系统打造一个全国性的科研平台，通过算力、算法，结合病毒的传播途径以及传染病流动力学去解释病毒是如何扩散的。科研与医护人员能够通过对数据的研究分析病毒传播的方式。虽然病毒很狡猾，但我们通过数字信息可视化的方法，正在以国家为单位的大规模防疫过程中逐步攻克一系列防疫难题。

上述只是在这次抗疫中最普遍的几个技术应用，还包括"居家检测+远程监控"等更多、更新、更高科技的"无接触模式",这些都是通过实践检验出的抗击疫情的重要技术应用。在未来这种"无接触模式"中应用到的技术将如何提升并做到技术落地,仍是需要相关技术人员不断突破的难点。相信疫情过后,科技赋能健康模式会进一步深入人心,"无接触模式"也将不断升级。可以预见,高精尖技术与医疗健康产业的紧密结合是未来的大势所趋。

第二节 "无接触商业"模式新生态画像

一、"无接触商业"给员工带来了什么？

新冠肺炎疫情期间，受影响最大的一个群体莫过于停产停工的企业及其员工，员工与客户之间无法实现面对面的交流与沟通。自古以来，人们以各种各样的方式传递消息，从驿站送信、飞鸽传书到现代的互联网通讯，沟通工具更迭迅速，通讯效率不断提高。由于技术的发展演变，才能让我们在面对新冠疫情这样的突发状况时，能够突破时间与空间的限制，尽快恢复工作和生活。例如，各企事业单位开始"无接触"工作，纷纷在家远程办公，这种不受时间、地点、空间限制的工作方式成为大部分企业的刚需。

《财富》杂志曾有一篇文章提到：远程协作的时代早已到来。世界上许多国家与企业早在过去的十年间逐步开始实行远程办公。

远程办公不只是未来的发展趋势，在疫情期间，无需接触的"WFH模式"成了很多企业员工的不二之选。

"WFH"是Work From Home的简称,意思是在家办公(也叫远程办公)。该模式在一定程度上让企业降低了运营成本,组织安排更灵活,从而更有效地提高竞争力。同时企业还可以节省办公场地、设备、水电、物管等费用,从而支付更有竞争力的薪水;对于员工来说可以节省上下班的时间与交通费用。

WFH办公模式的优势是时间分配灵活,相比常规的办公方式,远程工作沟通可以多点对多点,不用考虑会议地点。劣势是会导致沟通实时性变差,增加沟通的时间成本。

因此,对员工而言,一个高效合理的远程协作模式应该具备的条件是:拥有足够的独立时间支配权,减少事务性的沟通。例如,做到系统可以独立运行,团队内部可以独立决策,模块可以独立发布升级,实现大组织、小团队和大产品、小模块架构,从而最大限度降低团队的事务性沟通。企业职能部门也要加强线上服务能力,提高标准化共享。例如,行政人事考勤、财务报销等部门,可以制定线上的规则去执行。尤其对于一些创业公司,利用互联网云服务实施在线管理就是特殊时期的最佳选择。

二、"无接触商业"给企业带来了什么?

基于WFH模式在疫情期间的普及应用,"远程化办公"成为企业办公的新常态。远程办公不仅仅是远程会议,还包括资源共享、网络安全、企业文化等方面的相互协作与配合。

以备受关注的医疗行业为例,疫情期间,医疗远程软件在云平台上实施互联网医院平台和远程诊疗。因此,各医疗机构能够持续向患者提供医疗服务,还能与其他医疗机构的科研专家和医生随时远程会诊、资料共享，实现临床协助。对患者而言，只要通过微信小程序或者是公众号、服务号就能随时随地享受远程医疗与咨询服务。

此外，很多企业的对外业务也是基于平台和数字化系统得以陆续恢复的。

例如，微软公司采取了线上线下"双核心"复工方式。所谓"双核心"，即基于"物联网+边缘计算""大数据+人工智能"以及混合现实、"云计算+云协作"等创新技术，一方面通过远程医疗、远程办公、远程教育等场景解决方案，使数字化成为新常态模式；另一方面从生产制造、客户服务、市场营销、人力资源、财务和供应链等环节着手，加快企业数字化升级的速度。

随着疫情得到进一步控制，大规模的复产复工随即开启，为了避免疫情反弹，各地都部署了相应措施。例如，沈阳自贸区上线了疫情防控数据分析平台，该平台覆盖综保区桃仙管委会、自贸投发公司、企业服务中心和自贸区管委会等重点区域，实现相关办公人员每天出入、离沈、发热隔离以及体温等信息系统化管理。同时对各区域来访人员在平台进行统一的信息登记，能够实时监测办公人员和来访人员的动态，实现可视化管理，为自贸区疫情防控工作提供强大的数据监测支持；上海徐汇区也制定了一套健康信息收集和体温监测等功能实时数据监管系统，便于徐汇区各街道社区对返沪人员进行登记管理服务。

为帮助更多企业开展远程办公，各大远程办公平台与南京、苏州、沈阳、上海等地产业园和政府开展紧密合作，免费为企业提供一站式远程业务平台，对各地区不同规模企业实现"双核心"复工复产提供强有力的支持。

总而言之，远程办公不仅仅是简单地在线上处理信息问题，而是要打通各个环节，串联每个角色。这些需求印证了数字化转型对企业的重要性，作为企业更应该发展于危机中，为企业今后的成长与转型做足准备。

三、"无接触商业"带来什么样的消费模式？

中国当前的消费市场具有分层化的特点，疫情对不同层级的消费者会产生不同程度的影响。而消费者的消费理念也不是一成不变的，它会随着疫情的变化而变化。例如，疫情推动消费者强化线上购买方式，越来越多的消费者选择尝试新的购买渠道。受此影响，疫情过后的消费方式会更加碎片化，消费渠道会更加多元化。尤其是疫情之前的聚集性的消费方式和消费习惯可能会在一段时间内发生改变，这也可能推动新的消费方式不断涌现。纵观各地区的本地生活消费特征，本地生活电商行业在疫情期间锐不可当，其服务特征主要体现在以下两个方面的本地化：

1. "配送+自提"型产品电商本地化

例如，"菜篮子"行业，主要以商超、生鲜为代表。产品电商的本地化即服务的前端，商超保证运输，服务的后端采取"配送+自提"模式实现销售。在三四线城市中，团购与自提结合培养了消费者在线上完成采购的消费习惯。

2. "线下+线上"型实体商务本地化

例如，万达、大悦城等这些重视线下体验的传统商场纷纷登陆线上，凭借电商操作系统，深入本地生活，以用户中心为基础贴近市场，树立美好生活服务的价值观。同时，基于消费者本地化消费习性等差异，通过生态互助互动，共享资源、降低成本，更有针对性地提供增值服务，创造更多价值。

四、"无接触商业"带来什么样的就业模式？

无接触商业这种新形态在服务消费领域创造了大量的新型就业形态，丰富了就业生态，更加凸显了在社会转移就业和创造新就业时数字经济平台发挥的社会价值。

1. 线上劳务型就业模式

线上劳务型就业模式是由平台组织劳动者提供劳务产品，通过平台提供的支付方式和线上交易，整个交易过程被平台监督把控的业务类型。

线上劳务型的就业形势主要是线上零工就业，业务模块主要是外卖骑手。外卖平台的崛起创造了"外卖骑手"这一全新的职业。

从雇佣关系而言，骑手群体包含两个层面，一是众包骑手，骑手以个人身份在平台注册、接单，提供外卖服务。这些骑手不同于平台或者第三方组织签订的劳动合同，是非雇佣关系属于众包工作；二是专送骑手，平台招募第三方供应商，供应商会雇佣大批量全职骑手，在平台接单提供服务。

由于全职专送骑手有第三方供应商雇佣身份的保障，服务更加高效、高质、稳定，因此更受品牌商青睐。

2. 线上服务型就业模式

线上服务型就业模式是由平台以外的第三方提供服务或者商品，产品在平台售卖，有平台提供线上的支付方式和交易场所，交易过程在线上完成并受平台监测，线下完成劳动过程且不受平台操控的业务类型。

线上服务型就业模式下，最具代表性的交易平台包括飞猪、饿了么

（外卖商户端）等。这些开放式平台为不同的商户提供线上交易场所和服务，在线上完成交易过程。但是由于服务品质各不相同，劳动过程大多在线下通过"到店"或者"外卖配送"的方式实现。例如，飞猪提供旅游行业从酒店到景区门票的全方位服务，优酷为个人和小型媒体公司提供的媒体服务等。这些商户雇佣了大批劳动者从事线上交易和商品服务。虽然平台会对商品的品质和安全性等方面提出一些要求和标准，但并不受平台控制。

3. 互联网企业直接就业模式

互联网企业直接就业模式是通过平台购买版权、供应商，搜索互联网等提供服务或者商品的业务类型，以互联网企业使用外包、劳动派遣等灵活就业或者直接雇佣形式扩大就业。互联网企业直接就业模式的业务模块主要分为三个部分，分别为互联网娱乐业务、新零售业务以及与互联网设施平台的相关业务。互联网企业通过这些业务，一方面针对供应链上的商户和企业带动再就业，另一方面通过劳动派遣或者直接雇佣方式使用大量的劳动力。

第三节　未来可期：万物皆可"无接触"

一、"无接触商业"将带来哪些新的可能？

危机中往往蕴藏着机遇，"无接触商业"给消费者的日常生活与企业带来更多新的可能。例如，很多消费者正在改变自己的消费习惯；"无接触配送"服务被更多商家采用；并不被看好的"云音乐节""云音乐会"等娱乐服务，也在疫情期间证明了其商业逻辑的可能性。未来，在新技术的加持下，"无接触商业"势必会带来更多新的可能。

但实际上"无接触"的概念并不新鲜，"无接触商业"模式在业界早已存在。例如，近年来兴起的无人货架与无人超市，催生了新经济、新业态，不少物流公司采用的无人机、无人车配送方式，也慢慢地趋向普及。总之，"无接触商业"模式还存在很大的上升空间与发展潜力，企业要以更长远的眼光去看待新事物。

前面我们提到，"无接触商业"模式之所以能够借势而上最主要的原因是受疫情因素的影响。2020年上半年，我国疫情尚未完全稳定，各地区更是有反复之势。在此期间，很多地方开始限流，小区封闭。"无接触商业"模式恰好能给还不能出门的业主提供日常生活的必需品，保证他们的正常生活，避免因断粮而出现恐慌的现象，同时避免交叉感染的风险，实现了部分企业复工的需求，并为企业经营提供了新的思路。

例如，苏宁实施了"全场景智慧零售战略"和"一小时生活圈"零售新方式。2020年春节期间，苏宁的12万员工依然坚守在一线岗位，使苏宁易购线上平台、家乐福等实现不打烊、不断供、不涨价的经营方式，保证消费者的基本生活需求。而苏宁的无接触配送服务更使其销售额在短期内翻了几番。

"无接触商业"丰富了消费者的生活场景，同时也使企业在特殊时期找到了发展的新空间。例如，商家通过直播平台卖货，解决了农产品滞销问题；老师通过网络平台向学生授课实现了"停工不停学"；远程线上医疗服务实现了患者远程就医等等。随之，国家邮政局积极响应"无接触商业"模式，积极推广智能快件箱投递服务。多地政府部门也出台相关政策以鼓励"无接触商业"服务的展开，这都为"无接触商业"未来的发展夯实了基础。

二、"无接触商业"的发展前景如何？

根据目前发展态势，"无接触商业"还处于起步阶段，存在着盈利模式不可预估、服务流程不够标准等诸多问题。但是从长远的消费诉求与国内外长期的发展状况考虑，"无接触商业"未来可期，但前提是，企业要不断提供更高品质的消费体验和优质的服务。之所以这样说主要基于以下判断：

1. 符合市场刚需

全民抗疫整齐划一，加快了无接触模式的商业化落地速度，在短期内有效培养了用户的消费习惯。从某种程度上说，大量的无接触服务需求，给各行各业带来了新的变量。无人机、无接触酒店只是常见的"无接触"服务之一，接下来我们还会详细讲述更多"无接触"的应用场景。

2. 节省运营成本

与人相比，机器人可以不吃不喝，昼夜不歇地持续工作，不用缴纳其他额外费用，更避免了人与人直接面对面接触，降低了企业人力成本和管理成本。同时，"无接触"零售可以让企业高效运用系统化的管理模式，无论是门店库存、门店盘点等管控，还是提升线下管理效率，都会让企业效益最大化。

3. 增加用户体验

我们以"无接触"消费模式为例，排队时间过长、收银效率低、购物体验差是传统便利店普遍存在的问题，这些问题拉低了用户体验舒适度。围绕用户需求，无人值守、自主购物的方式避免了因人工效率低下而产生的种种问题，这不仅能够提高用户购物效率，增加用户舒适度，还能够满足细分场景的需求，推动经济发展。

整体来看，"无接触商业"模式存在巨大的商业价值和发展空间。而企业想要借此东风，扬帆远航，要用更全面的眼光，站在更高的格局，不断自主创新，挖掘新模式背后的现实价值。各行各业都是一样，有机互补，才能同频共振，新的模式才能有序运转。

第四节 "无接触商业"模式下企业转型之困

一、企业自救

新冠肺炎疫情期间，一批批企业被迫倒闭。2020年2月6日，知名IT职业教育企业兄弟连在其微信公众号中发表《致兄弟连全体学员、员工、股东的一封信》，宣告品牌破产；2020年2月7日，北京知名KTV"K歌之王"宣告公司将于2月9日进行破产清算。以上两家企业都如此遭遇，可见一些小企业更是难以生存。

面对疫情下的危机，很多企业没有坐以待毙而是开启了自救模式。2020年2月，关于复工近况，阿里巴巴发布了一份《淘宝经济暖报》，该报中的公开数据显示：2020年2月以来，100多种线下职业都已开启直播，23个汽车品牌直播卖车，500多家房产机构直播卖房，老师们直播授课，明星们直播开演唱会，小米、阿迪达斯等品牌直播开发布会，各大博物馆直播参观活动。凯德、爱琴海、天虹等9家大型商场分别利用其自身的App、小程序以及门店社群等服务，助力商家加速线上转型，开启"云购物"模式。

例如，良品铺子首先通过全链条数字化战略，将经营策略转为线上为主，线下为辅，再利用钉钉推送、智能导购、手淘消费等技术实现精准化营销推广。

再如，来伊份在全国的2800家专卖店利用线下门店的地理位置优势大力发展"无接触式外卖"，把约7000名门店人员打造成为"网络主播"，2800家门店店长也成为2800个社群的团长，使App订单迅猛增长6倍。

在疫情期间，大多数人购买蔬菜、水果等生活必需品会选择在线直接下单。因此，美菜网、菜家大院等生鲜供应链企业借势而上，直接将经营策略由线下转为线上，并大力发展社区团购、拼团等模式。2020年北京地区"饿了么"App买菜日均订单量是2020年前的9倍，并呈现持续上涨趋势；"每日优鲜"App除夕至初四期间实收交易额较去年同期增长321%，2020年除夕到初六，"每日优鲜"小程序订单量相比2019年同期增长309%，实收交易额增长465%，客单价也上涨至120元。

在疫情影响下，无论什么行业想要改变交易形式、交付模式以及客户的触达方式，首先想到的方式都应该是借力当下移动互联网、数字化技术等高科技手段迅速转型。疫情冲击下转型越早，全产业链数字化程度越高的企业，越是可以从容应对危机，所受冲击越小。

二、转型之困

危机面前，人们会不自主地想到蝴蝶效应：一只南美洲亚马逊河热带雨林中的蝴蝶，扇动几下翅膀，可以引起德州的一场龙卷风。当新冠肺炎第一位病人开始发烧咳嗽的时候，我们一样想不到他就犹如那只亚马逊热带雨林的蝴蝶，会引发一场大风暴。

面对疫情的突袭，慕斯床垫及时调整销售方案，采用微信渠道销售，销量超过去年同期；华为在巴塞罗那的展会取消，改用直播发布新款手机；摩登天空的草莓音乐节，创意地变身为"云草莓"……作为一起席卷全球的事件，新冠必然影响着全世界的经济、产业和商业形态，改变着人们的生活、工作、学习方式。但是，转型绝不仅仅是单纯地将线下业务转移到线上。当局者迷，企业更应该从多个角度来看待新的经济环境对企业发展产生的利弊。

1. 用户心理影响

根据心理咨询机构数据显示，在疫情期间，用户心理咨询数是平时的5倍。这是因为疫情增加了人们发生失眠、抑郁、焦虑、烦躁等问题的机率。曾有从业者分析疫情会导致20%的人产生不同程度的心理问题，这是一个非常可怕的数据。甚至有新闻曾曝出某知名公司的一位员工在疫情期间因心理崩溃，删除数据库，结果导致公司损失惨重。

事物都具有两面性，还有一部分人正好与以上相反，通过疫情反思自己、规划未来，对健康、家庭、财富有了新的认知。除此之外，社会也会对饮食健康、卫生习惯、医疗保险、环境保护等情况更为重视。可以说，社会环境的变化也令大众的思想观念发生了改变。而企业的服务对象始终是现实社会中的普通大众，企业唯有紧随变化、推陈出新，才能始终满足日益变化的消费需求。

2. 行业重新洗牌

疫情对各行各业都造成了一定影响。例如服务业、商旅、餐饮、线下零售、电影、娱乐等等。以珠宝行业为例，珠宝零售的特殊性决定了大部分消费者更愿意到线下实体店选购，以获得更直观的感受，同时鉴别珠宝的真实性。当我们提到影响时，似乎普遍都会先联想到负面影响而忽视了那些爆炸性增长的正面影响。例如，医疗行业的医用酒精、医用口罩、防护服、护目镜；再专业一点，例如监护仪、呼吸机、血气分析仪等医疗设备的销量都暴涨。

人们开始在家办公之后，网络平台销售的打印机几乎断货；烘焙行业的烤炉、烤箱，也成了人们在家憋闷之时制作料理的实用工具，这些行业的销量增长是非常可观的。

此外，国外的疫情增长，对一些跨境业务或者与外合作的行业影响是巨大的。可见，一旦环境改变，行业重新洗牌，我们也应该随之拓宽思路。

暴风雨固然带来恐惧与痛苦，但却未必是坏事。能顺利渡过暴风雨、迎来雨后彩虹的企业，注定是那些以不变应万变，能抓住机会，及时利用"无接触商业"做出改变，重塑价值的企业。在暴风雨洗礼的过程中，难免会有一些因资金匮乏、盈利模式缺失、不能发挥自身优势的中小企业倒闭。同时，亦会有一些新兴企业应运而生，以全新的形态融入崭新的时代。物竞天择，适者生存，企业也是一样。唯有如此，各个企业才能在危机中不放弃前进的步伐，为"无接触商业"持久续航，为持续满足人们的美好生活、助力社会经济发展添砖加瓦。

新商业思路

在新商业形态下，企业应提升"自我纠正和修复"的能力

"无接触商业"刷新了我们对商业的理解。可以说，发生变

化的是企业生存的大环境，是变化的新商业形态，商业的本质并没有改变。在这次疫情中，企业更需要的是一个能够灵活变化、抵御风险的供应链，以适应充满变数的环境。任何一种商业模式的变革和升级，不仅是全面复工的过渡，在未来这也可能成为一种"常态改变"。

提到南京卫岗乳业有限公司，也许很多人并不熟悉，但提到其前身大家一定不会陌生。该公司的前身，是由宋庆龄、宋美龄姐妹共同创建的国民革命军遗族学校实验牧场。经过近百年的传承与革新，始于1928年的南京卫岗乳业现已成为我国农业产业化重点龙头企业。

南京卫岗乳业有限公司是一家集研发、生产、销售为一体的专业乳品企业。在新冠肺炎疫情期间，卫岗乳业面临难题。拥有的"天天订生鲜"200多家社区门店遍布南京街头，这些门店主要是为社区居民提供日常所需的各种生鲜果蔬的社区连锁生鲜店。疫情封店让"天天订生鲜"陷入极大的压力，一方面，为春节促销活动准备的大量货物，导致库存积压，而且生鲜类保质期比较短，很难做到长期保存；另一方面，"天天订生鲜"主要就是门店服务模式，由于社区封闭，造成无人购买。

针对新的消费需求和困境，卫岗乳业第一时间在自身乳制品领域做了规划布局：

第一，卫岗乳业不但有70余家奶站遍布南京，而且有自己的"天天订"奶制品互联网商城，这样就形成了一个物流体系。

第二，卫岗乳业迅速决定将生鲜果蔬等品类上线到"天天订"平台，利用超过7000名送奶工配送到小区，这样既解决了企业库存的巨大压力，又满足了民众的生活需求。

据统计，上线第一天，后台数据成倍增长，2020年2月，仅生鲜订单就超过150万单。送奶到小区解决了南京很多家庭难以购买果蔬的问题，满足了新需求的同时，也为卫岗乳业打了一场漂亮的翻身仗。

随着国内疫情好转，人们渐渐回归到正常的生活轨迹，而无接触服务应用最为广泛的依然是实体超市。在超市中，无接触称重打价和无接触自助收银已被大力推行。自助称重收银打价设备正逐渐取代传统排队专人操作的方式。越来越多的消费者开始更倾向于自助收银这种方式，消费者只需要扫描产品，之后扫码或者刷脸完成结账即可。该方式不仅可以减少排队等待的时间，也避免了接触后的交叉感染。

渐渐地，无接触服务模式被更多领域广泛应用。例如，在2020年十一长假期间，随着我国疫情逐步得到缓解，各景区也相继开放，无接触服务被越来越多的景区采用。游客在线买票后，无需纸质票，通过景区直接进行人脸识别即可，一是认证核票，二是通过人脸识别测量体温。当然，在短时间内，无接触自助模式的推行并不能完全取代人工服务，但企业应该有超前的眼光和意识，做好随时应对变化的准备。

在"无接触商业"新商业形态下，企业更要锻炼"自我纠正和修复"的能力，进而做出清晰的商业判断。无论他人如何变革发展，我们都能坚守自己对市场的理解，践行企业对社会的责任，坚守本心的同时实现企业转型与升级。

第二章

**无接触＋零售：
积极推进线上与实体门店的离店销售**

早在2020年疫情暴发之前，细分行业中的20多家零售企业，就已经与深耕云计算领域多年的阿里云展开了合作，通过门店数字化、业务中台、数据中台和超级App的构建，初步实现了端到端全链路、全产业链的转型。

无论是乳业巨头蒙牛、飞鹤、雅士利，餐饮业的巨头海底捞，还是服饰行业的翘楚李宁、特步，甚至是新华书店都率先走上了数字化转型的新零售道路，以数字技术的一系列应用，为企业带来新的驱动式增长，为业界所惊叹。

至于具体的转型方式，不管是社群营销，还是全员直播带货，宗旨都是为了积极推进线上销售与实体门店的离店销售，通过端对端服务顾客实现全域营销，化"危"为"机"。

而在危机之下，创新的种子也在悄然萌发，由一些零售企业主导的"自救"剧情，如一出出充满了"神反转"的开年大戏，这些看似不起眼且未必一定成功的尝试，却正在不断重构着未来中国经济的生命力。

第一节　无接触经济对零售业的影响

当人们的常规生活节奏被疫情打乱，而无接触商业模式恰好可以实现人与人不需要见面就能完成的一些经济活动，尤其在零售业，无接触经济随之火爆起来。类似以下这些经济行为越来越常见：

网上购物在线下单，快递员在线下将货品送至快递柜，消费者在任意时间段到自提柜扫码就能取件；

上街买菜，除非过于年迈的老人，几乎"人手一机"。付款时打开微信或支付宝扫描二维码便可完成支付，现金的使用率越来越低；

去饭店吃饭，提前预约座位，到店内扫码下单点菜，吃饭后再扫码结账；

去电影院看电影，线上买票，线下取票，整个过程无需排队等待；

到银行办事，自助机上办理，自动柜员机上存取款，越来越多的业务都可以自己完成；

就连出行，我们也基本都是通过上网购买火车票、飞机票，扫码就能坐公交车、骑单车……

在不知不觉中，"无接触经济"悄然影响着人们衣食住行的方方面面。当一种行为渐渐成为一种习惯，我们不会意识不到它的存在。非接触测温、无接触自提、机器人送药消毒、在线教育、在线办公等越来越多"非接触"领域的技术逐渐趋于成熟，这些方便了人们基本生活的应用，即便在疫情过后仍在继续发展，或将进一步改变人们未来的生活习惯。

而生活习惯的背后，其实是各行各业依托大数据平台，不断优化产品和服务的创新求变的过程。

一、什么是无接触零售？

无接触零售就是消费者通过自助选取所需商品，自助支付完成消费的一种消费模式，随着无接触经济迅速崛起，无接触零售为服务业"回血"提供了充裕的上涨空间，它的优势也越来越被经营者和消费者所认同：

1. 无接触零售是对线下零售行业的发展与延续；

2. 疫情的发展在不知不觉中培养了消费者无接触的购物习惯，促进无接触零售商业的快速落地；

3. 自动售货机和无接触零售取代了服务人员的工作，减少人力成本，降低运营成本；

4. 无接触零售具有高度系统化管理优势，无论是在门店盘点还是门店库存方面都大大提高了线下门店的管理效率，让企业获得最大的利益；

5. 无人值守、全程自助的无接触购物方式改变了传统零售业排队时间长、收银效率低、购物体验差的问题，满足了消费者的需求，提高购物转化率；

6. 无接触零售有效地通过线上数据系统，收集购买者在选品、购买、支付过程中的各类数据，进而对消费者做精准分析，挖掘更多的消费潜力和数据价值。

其实无接触零售并非新生概念，早在2016年的云栖大会上，马云就提出了"五新"战略，即新零售、新金融、新制造、新技术以及新能源。从那以后，"新零售"成为零售行业最为关注的话题，但是如何成功转型，很多人只是理解到初级的概念层面。而早在马云提出"新零售"这个概念之前，阿里巴巴已经花了数年时间进行布局，而且做好了充足的准备。包括投资新零售网红盒马鲜生、投资银泰进入百货零售、投资苏宁玩转3C家电连锁、收购大润发和欧尚壮大自身在商超卖场的实力……而这些都是零售业态进一步变化，直到疫情助推其衍生出无接触零售的基础。

近几年，"新零售"的概念成为热点，尤其是其延伸出的概念"无人零售"便是今天无接触零售最初的商业雏形，在行业内迅速掀起热潮。例如，阿里巴巴淘咖啡、京东无人店、亚马逊Amazon GO、居然之家EAT BOX、娃哈哈无人便利店、天虹商场Well Go都是互联网头部企业在无接触领域的新尝试。放眼世界，各个国家也都开始从传统零售业向无人零售业转变。

1. 美国

美国无接触零售的典型代表就是Amazon Go。Amazon Go在2018年1月25日正式宣布对普通消费者开放，这种即拿即走、无需排队的购物方式颠覆了传统的购物模式，为消费者带来了新的消费体验。消费者只需要下载Amazon Go的App，在商店入口扫码成功后便可以进入商店购物。

Amazon Go的传感器会对顾客的有效购物进行统计，在顾客离开商店后自动在亚马逊账户上收费结账。加拿大的皇家银行曾预测，亚马逊无接触零售店Amazon Go在2021年将达到45亿美元。

2. 日本

日本零售业也早已涉足无人化、自动化领域。日本的各种自动服务机、自动贩卖机遍布大街小巷，人们随时随地可以在便利店内进行取款、复印、缴费、开具证明、购票等操作。

3. 韩国

韩国也是无接触行业的践行者，韩国的无接触零售早已遍布，如自助洗衣房、夹娃娃机、投币式KTV、自助点餐系统、无人咖啡店等。受疫情影响，网上购物、无接触式服务成了越来越多韩国人的选择，外卖服务需求度也逐渐提升。例如，韩国某外卖公司为了能够确保食物在配送的时候减少和空气的接触与振动，特意设计研发了解决这一问题的独立包装。

4. 中国

中国的零售业也在悄无声息地转型中，越来越多的咖啡店和餐厅开始启用自助点餐系统，无人售卖机的出现开创了二维码全新点餐模式。消费者可以通过扫描餐桌上的二维码进行线上点餐和结算，减少了点餐与结账的等待时间。

现在人们的生活离不开新技术，无人超市、便利店系统日趋完善，顾客可以更快速、顺畅地购买商品，大大节省了时间成本。这种优化传统商业终端的无接触零售技术，降低了人力成本，提升了企业运营效率。无人化商业一定会随着技术的进步在未来创造出更大的价值，而目前自动化、数据化将是企业需要更进一步探索的新方向。

二、无接触零售的现实意义

疫情加速了零售业的变革。

第一次零售革命发生在1852年，第一家百货商店的诞生，完全打破了当时"前店后厂"的小作坊式运作模式。

第二次零售革命发生在1859年，太平洋和大西洋茶叶公司建立了第一家连锁店，便民生活的连锁店开始兴起。

第三次零售革命发生在1930年，这次变革开启了消费者主权时代的消费趋向。在新社交媒体和移动通讯的发展推动下，传统商业发生颠覆性变化，零售业未来如何与移动互联网结合，并调整和升级成为研究的重点。

第四次零售变革发生在当下，开启了全新的零售模式，刘强东在其发表的文章中称："第四次零售革命的实质是无界零售，终极目标是在知人、知货、知场的基础上，重构零售的成本、效率、体验。"而身处这个时代的你我都是这次变革的见证者与体验者。

通过总结以上零售业的变革历史，我们不难发现，从以渠道为中心，到以商品为中心，现在到了以用户为中心，消费者拥有了绝对的主导权。而伴随着新用户的崛起、移动科技的发展，以及用户对反馈、归属感的热衷，消费者的服务需求也不断增长。

传统零售只要商品好、有客源就赚钱，企业可以向商品、消费者要利润。如今，商品种类繁多，靠商品吸引消费者已经意义不大，就算你的店面商品十分全面，但是消费者也有其它店面可以选择，"场"的改变也改变着产品的服务渠道，零售三要素（人、货、场）在信息技术的影响下也被重新排序。那么，企业就要以消费者为核心要素，根据自身情况，重构"人、货、场"，打造新零售的商业闭环。其中，最典型的"新零售"市场风口的代表莫过于无需"人"来值守的智能货柜。疫情下，扫码开门、无感购物、自助结账等一系列操作，满足了人们对安全的特殊需求，尤其是在写字楼、机场等公共区域。智能货柜有3点优势：

1. 节约成本

无人零售把重复的机械化的收银工作交给智能货柜来完成，无论昼夜时差与客流量高峰，都无需收银员值守，商家节省了大量的人工成本。

2. 精准营销

智能货柜通过深度追踪大数据，使线下门店的数字化运营管理服务更加标准精确。数据网络通过采集消费者停留时长和选购物品轨迹，结合精准的消费者画像分析消费行为与喜好，进而企业可以更为精准地制定全面的营销计划。

3. 科技加持

疫情下的消费环境具有一定的局限性，企业为了满足消费需求，确保购物安全，减少感染渠道使用"无接触"服务，依托互联网应用技术，让线上便捷消费成为解决问题的关键一环。凭借强大的技术支撑和产品落地优势，无接触智能货柜让很多商家在颓势之中重燃了希望，觅得更多的发展良机。

第二节　无接触超市：在进化升级的试错过程中迅速发展

在新冠肺炎疫情期间，为减少人们的外出次数，避免交叉感染，北京率先在全市超过4000个社区推广"无接触购物"新模式，在此基础上"无接触超市"应运而生。

无接触超市，又称为"无人超市""无营业员超市"，主要是指一种全程无接触的安全超市购物模式。负责收银结款的不是营业员，而是一个投币箱或者二维码。消费者选好商品之后，直接扫条形码付款。这样就完成了全程"无接触"购物。商家通过数据传输，可以实时监控大数据。根据大数据分析得出人们最喜欢购买的商品是什么、最愿意行走的路线是什么、最吸引消费者的区域是什么等等。

随着消费者的接受度越来越高及技术的进步，未来还会有更多形式的"无接触超市"实现规模化运营。例如，Wheelys Moby Store是硅谷鼎鼎有名的Wheelys在上海街头投放的一个"无接触式"自营便利店。运营效果如何，我们通过表2-1中的一组数据来具体分析。

表2-1 Wheelys Moby Store数据分析

超市特征	数据分析
没有营业员	Wheelys Moby Store便利店不设置营业员，只需要人工补货。相当于一个人就可以同时运营十家店，以北京市的运营成本为例，按照平均6000元/月的人员工资来算，那么，一个无人便利店的月均人力成本只有600元。
需要18~30平米物业	开设一家无人便利店通常需要18~30平方米的物业。我们还是按照北京便利店每平方米日均10~15元的租金计算，那么，一家无人便利店每个月的租金在5400~13500元之间。
日均销售额与可行性分析	据Wheelys Moby Store估算，一间无人便利店日均销售额如果达到1500元即可在北京大部分区域实现盈利。这意味着只要企业选址得当，无人便利店的商业模式是可行的。

一个显而易见的趋势是：线下零售的超市细分场景正在被一抢而空。

但理性分析，尽管无人销售的无接触模式降低了运营成本，提升了销售效率，但是从消费者的角度而言，用户体验却降低了。有人的便利店、超市是靠服务去打动消费者，尤其是那些夫妻便利店，往往是在做熟人、人情生意，其盈利点在于"产品价值+服务价值+感情价值"。无人销售意味着完全靠产品与消费场景去打动消费者，这对企业而言是巨大的挑战！

未来，无接触超市是否会成为真正的风口还有待观察。从竞争角度与资本角度来看，传统零售转型迫切；从消费角度与技术角度来看，无接触超市已经在加快尝试的脚步；从企业经营角度来看，无论是无接触超市还是便利店，其经营仍要进化升级，在不断试错中快速发展。

不管怎样，在2020年疫情期间，有几个典型的"无接触超市"代表走进了人们的视野：

一、盒马鲜生

盒马鲜生是阿里线下超市重构后的新零售代表，它既提供线下门店服务，也提供线上服务。经过四年时间的发展，它已成为国内领先的新零售企业。2020年零售业都受到不同程度的冲击，作为新零售的代表，阿里巴巴的盒马鲜生开启了送果蔬与送生活用品服务。不仅如此，在武汉，近20家盒马鲜生门店精准高效地解决了为当地医护人员配送的问题，配送的内容包括生活物资、医疗物资以及提供其它便民服务。盒马鲜生数据显示，在疫情期间，其线上订单数量相较去年同期激增220%。

在特殊时期，盒马鲜生的业绩不降反升，这得益于盒马鲜生开创了新的运营模式。

1. 盒马到家模式

用户可以通过平台选择商品，加入购物车，下单付款，盒马鲜生平台确保在30分钟内送货上门。除此之外平台还提供查菜谱、查询订单状态、社区活动等及其它线上服务。

2. 盒马到店模式

盒马鲜生到店模式主要是为用户提供舒适的就餐环境，享受即时性的生鲜制作服务。用户可以根据平台实时定位，获取最近店铺的菜单信息，直接进行堂食单点并提前选择到店用餐的时间，到店即可享受新鲜制作的生鲜菜品。也可以直接在线下店铺选择生鲜，店家制作之后即可享用。

背靠阿里强大的技术支持，为了保证线上线下同品同价，盒马鲜生运用了电子价签等自动化技术提高门店分拣效率，确保最终实现门店附近3公里范围半小时送货上门服务，同时，消费者如果不满意可以无理由极速退款。

盒马鲜生的运营模式取得了极大的成功，成为阿里旗下继天猫、蚂蚁金服、菜鸟网络之后的又一知名品牌。为了提供更好的服务体验，盒马鲜生在发展过程中不断完善商品种类，形成了包括果蔬、烧烤、水产等超过3000种品类的规模。为了满足消费者日常生活所需，店内还设有鲜花、百货等商品区域。除此之外，盒马鲜生还引进了很多知名美食，打造了一条小吃街，实现了大牌小店的经营模式。门店即买即烹、现场制作的服务也提高了线下体验率和客流的转化率。

在阿里大数据和各类新技术的支持下，盒马鲜生实现了人、货、场三者之间的最优匹配，形成了具备市场竞争力的新生态。在新零售领域里，阿里除了快速发展盒马鲜生，还有业绩不错的零售通、天猫小店、淘鲜达等业务。

新零售是传统电商和传统商超转型的主要方向，阿里在提前布局下无疑又打造出一只潜力巨大的独角兽。

二、京东智能售卖柜

京东智能售卖柜类似于前面我们提到的智能货柜。疫情期间，虽然会议可以通过视频召开，学校可以网络授课，但是民以食为天，出门购买新鲜的果蔬是人们面临的一大难题。买菜排队、结账排队，即便带着口罩也无法避免与人近距离接触。北京通州BOBO自由城的居民就不会有这样的烦恼。因为在社区西门的空旷场地上，5台智能售卖柜解决了社会居民购买果蔬的需求。这些智能售卖柜由京东物流事业部自主研发，里面售卖的是最新鲜的果蔬、全部来自京东七鲜超市。消费者可以根据透明的柜子进行选择，选择之后直接用手机扫描柜门屏幕上的二维码，柜门将自动打开，消费者取走新鲜食材之后关闭柜门就可以自动结算。整个过程无需和任何人接触。

七鲜超市通州北京ONE店每天实时监控货柜中的生鲜品质和数量，确保货品的新鲜品质和充足供应。京东智能售卖柜的研发，不仅让社区居民享受到了便捷、安全、智能的购物服务，也让整个生鲜市场看到了未来发展的希望。疫情虽然给许多生鲜厂商提供了发展的契机，但是从长远考虑，如何提高留存率、培养居民的消费习惯，确保疫情过后居民依然喜欢在自动售货机购买生鲜，才是整个生鲜市场未来发展需要考虑的重点问题。

因此，采用自动售货机卖生鲜在我国还是一个待挖掘的市场。虽然未来居民的购物习惯会随着市场的发展有所改变，自动售货机所带来的便捷性也会随着技术的成熟而不断凸显，但这是一个漫长的过程。京东7FRESH的尝试也是在寻求生鲜行业的一个突破口，即使成功了，就像盒马鲜生一样，是很难复制的，没有任何两家企业的供应链是一模一样的。

三、火神山医院"硬核"超市

参照2003年抗击非典期间"北京小汤山医院"模式，武汉在职工疗养院建设了一座专门医院，用于在特殊时期集中收治新型冠状病毒肺炎患者，这座专门的医院就是火神山医院，从设计方案到建成、交付仅用了10天时间就开始接收病人，火神山医院在2020年2月4日正式启用。一家24小时营业的特殊超市也同时启用了，这是一家类似盒马鲜生的无接触收银超市，消费者选择好商品之后仅需自主扫码完成支付。这家超市售卖八大类、200多种单品，例如，消毒、消杀、洗手液、休闲食品、饮料、纸品、卫生清洁用品、杂货等。

这间火神山医院超市的无接触收银技术由阿里旗下淘鲜达团队提供技术支持，在湖北连锁超市中百仓储和淘鲜达团队共同合力下，搭建了无接触收银超市的无接触收银系统，整个过程仅用了四个多小时。也许连马云也没有想到"无接触超市"概念的第一次实际应用竟在火神山医院。

火神医院不仅是"战场"，也是众多医护人员的生活区，食品、消毒用品等自然是生活的刚需，无接触超市便应运而生。安全的无接触设计，充足的生活物质，无接触超市成为火神山的后方支援，保障了医护人员所需，为医疗救治提供了有力的支持。小小的无接触超市托起了千名病患生的希望。

当然，全程"无接触"购物，离不开科技赋能。从外观上看，火神山医院超市与普通的超市没有什么区别，货架布满商品，消费者可以自由选购。虽然在超市中无人服务，但是无接触超市离不开线上服务，互联网大数据代替了店员的服务。5G网络的快速架构、云POS技术的远程调试、移动支付的全民普及都加速了无接触超市火速上线。在大量技术的加持下，无接触超市才得以迅速营业，让原本冷清的原野遍地开花。

第三节　无接触餐厅：重塑餐饮新业态

一、什么是无接触餐厅？

2020年2月12日中国烹饪协会发布了《2020年新冠肺炎疫情对中国餐饮业影响报告》（简称《报告》），该《报告》指出，与2019年春节相比，2020年有78%以上的餐饮企业损失高达100%以上，9%的企业营收损失达九成以上，7%的企业营收损失在七成至九成之间，仅有5%的企业营收损失在七成以下。

无接触餐厅是指从前以店面流水为主的餐厅开始聚焦线上经营，通过改变线下的运作模式和就餐环境，使餐品从制作到交付全程避免人与人的直接接触，保障消费者用餐安全的新型餐饮经营模式。

无接触餐厅多服务于全国各地的复工复产企业，让复工复产的人们吃一顿放心饭，各餐饮企业在特殊时期采用"无接触就餐"服务可保障安全生产和日常经营。

根据国家统计局的公开数据显示，2020年1~3月份，全国餐饮收入

6026亿元，同比下降44.3%，限额以上单位餐饮收入1278亿元，同比下降41.9%。由此可见疫情对餐饮行业的重创之巨大。

餐饮业抵抗风险能力本身就偏低，疫情更让整个行业陷入困境。在如此艰难的时期，国家和各地区政府针对中小企业提出减租免税，信贷支持等多方政策扶持餐饮行业。各金融机构与互联网平台合作，共同向餐饮业伸出援手。例如，美团携手金融机构提供100亿元的优惠利率小微贷款，京东、苏宁、阿里等互联网巨头发起"共享员工"行动。

2020年2月21日，美团、中国饭店协会宣布与汉堡王、真功夫、峨嵋酒家和云海肴四大餐饮品牌联合落地首批"无接触餐厅"。餐厅囊括了中式快餐、西式快餐、中式正餐和餐饮老字号四大类，基本满足不通过消费者的个性化餐饮需求。"无接触餐厅"的门店专门设立了"无接触取餐"骑手专区，使得顾客与外卖骑手无接触分流。为了方便消费者查找附近的"无接触餐厅"，"大众点评App""美团App"都上线了"无接触安心送""无接触外卖或自提"等专区或标识，为用户提供更便利的选择。

美团率先在全国推出"无接触配送"之后，又陆续推出一系列的"无接触"服务，确保商家与消费者的安全。如商户采购可通过快驴进货完成"无接触配送"，美团收银实现了餐厅前厅经营的"无接触点餐和取餐"，美团的无人配送平台可借助机器人"小二"把餐食送到指定地点，消费者通过各个美食外卖App找出离自己最近的无接触餐厅。

这些餐厅最大的特点是：

1. 无接触点餐

用户可通过手机扫码完成点餐和线上支付，餐厅接到订餐信息后按照规范制作餐食，制作完毕后会放置在无接触取餐专区并发信息给消费者，消费者收到提示信息后凭借取餐码取走餐食，整个过程避免了与服务员和收银员的直接接触。

2. 使用机器人"小二"

机器人"小二"的工作是完成从后厨到无接触取餐区的餐食配送，机器人"小二"可将打包好的餐食送达指定取餐位置，由消费者或骑手取走对应的餐食。整个过程最大限度地减少了人与人的接触，用餐安全得到了保障。

3. 无接触安心送

无接触餐厅做到了无接触安心送达。消费者通过平台下单后，餐厅按规范制作餐食后放置外卖无人接触区，骑手通过餐码取餐并且记录操作员和骑手的体温，餐箱严格消毒，骑手要完全符合"无接触配送"送餐标准，消费者也可以通过手机随时跟踪食品的安全信息。

4. 外卖安心卡

无接触餐厅使用外卖安心卡，安心卡记录无接触餐厅的厨师、打包员、骑手的姓名体温和消毒情况。消费者在点餐前和配送中都可以查到安心卡的信息，买的安心，吃的放心。

5. 无接触进货

无接触餐厅严格按照无接触配送标准来进货，每项食材都能追本溯源，存储仓库和运输工具都经过严格的消毒，商户和卸货人员都在固定位置，避免直接接触。接触食材的分拣员、配送员的体温要及时记录，以确保食材安全。

在疫情形势严峻时期，无接触餐厅的出现给餐饮业提供了新的经营模式，极大地减少了感染风险。尤其是企业陆续复工复产后，无接触餐厅保障了消费者的用餐安全，餐厅客流量逐步恢复，营业额逐渐递增，这是消费者与餐企经营者共同的期待。

二、"寒冬"中的"自救"

虽然随着疫情的好转，餐饮业正在逐步复苏，但我们永远无法预知未知环境的变化，唯有在"寒冬"中学会"自救"。

1. 现金流是血液，外卖是输血管

"现金流"在特殊时期变成了高频词汇。其实现金流承压大一直是餐饮业的老问题，只不过在疫情暴发下让问题更加突出了。餐饮业想要在危机中自救，节流解决不了根本问题，政策补贴也只能暂时延长生存时间，只有打破目前的"停业"状态才能完成自救。但疫情下，即便是敞开店门也不会有生意登门。把现金流比喻成人的血液，餐饮业目前的状况就好比平时流了点血也没关系，毕竟心脏是最重要的，但如果持续出血，企业的血将被放干，功能再好的心肺也会停工。因此，在时局紧张时，外卖（当然，这里只是提供一种转型的思路）显得尤为重要，因为它是支撑企业的一条新的输血管道。与其死盯着客流量为零的前厅大门，不如谋求新出路。

2. 任何时候，创新必不可少

有些产品本身就便于外卖，例如，快餐、奶茶这类标品，容易复制又可以突破区域限制。但很多细分的餐企，想要依靠外卖造血存活就必须进行创新。

例如，烧烤就是一个急需创新的品类，但不适合消费者作为午餐食用。而快餐是最适合午餐的食品。目前对午餐需求量最大的群体是医护人员和上班族，餐饮业随着各地复产复工迎来了新机遇，有些企业开始订购团餐，为了保障食品安全，在团餐中出现了"分餐制"。所谓分餐

不只针对单人餐,而是要在集体用餐时保证餐食独立包装。这很容易让我们想到前面提到的"无接触取餐",将骑手等候区、无接触取餐区、顾客等候区都独立划分开,真正做到各个环节"无接触"。

总之,创新无论在何时对企业发展都至关重要。餐饮企业要进化线上能力,把沉淀下来的能量变成强劲的进攻力。随着具备复工条件的餐企增多,"无接触就餐"将成为常态,即便迎来餐饮业的大回暖也不能放松警惕,更要坚持"无接触点餐""无接触配送"等形式尽量减少直接接触,满足长期疫情防控用餐的需求。

如图2-1所示,据美团外卖发布的数据显示,2020年初已有3000多个商家申请店面升级"无接触点餐"方案,有超5万的美团合作商开通"手机点餐"功能。

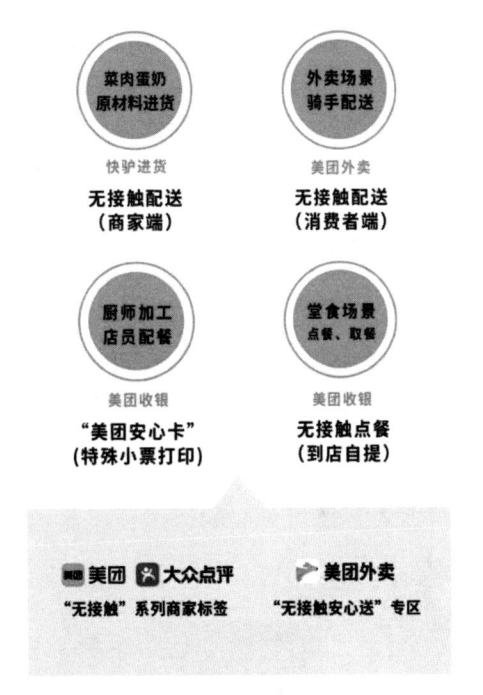

图2-1 美团外卖网发布的公开数据信息

1. 美团外卖——"无接触配送"

根据美团外卖《无接触配送报告》在2020年1月26日至2020年2月8日的数据显示,"无接触配送"订单已经高达80%以上,每单都采用"无接触配送"服务的用户高达66%。随后,美团外卖推出了线上"外卖安心卡",用户可以随时追踪到菜品制作员、打包员及骑手的姓名和体温，做到"事先知晓、心中有数"。

2. 必胜客——"无接触标签"

2020年2月，北京184家必胜客门店在"大众点评"App上线了"无接触外卖或自提"等标签。必胜客在此期间一直提倡"无接触、必安心"，具备无接触服务能力的餐厅会更好地帮助消费者做出安全用餐的决策。

3. 峨嵋酒家——"无接触点餐"

疫情期间，峨嵋酒家等餐厅开始启用"无接触点餐"的经营模式。基于手机收银的功能，商家把专属的点餐二维码放在大堂或门厅外，顾客通过手机扫码点餐后，后厨按要求规范生产餐食形成订单号，工作人员再将做好的餐品送到指定取餐区，顾客便可凭借订餐号自行领取，整个过程避免了人与人的接触。

4. 云海肴——"送餐机器人"

在云海肴"无接触餐厅"中，由美团和擎朗科技合作落地的"送餐机器人"负责菜品的运送，机器人会按照指定路线将菜品从后厨送到指定位置，避免店员与顾客接触。同时店内将骑手与顾客分流，在专门区域设立"无接触取餐"骑手专区，骑手严格遵照"无接触配送"标准，用户通过手机实时跟踪食品安全信息。

5. 汉堡王——骑手专区

在汉堡王，外卖小哥在美团智能取餐柜凭号码领取订单。食材进货更是严格按照"无接触进货"标准确保食材安全。餐食制作完成后，服务员会打开背面柜门将打包好的餐食放到智能取餐柜中，骑手到达后输入订餐号或者扫描二维码就能让前面的柜门自动打开，骑手和服务员全程零接触，外卖安心卡也让顾客更加安心。

除了前面提到的真功夫、云海肴、峨嵋酒家、汉堡王等四家落地

"无接触餐厅"外,包括李先生牛肉面大王、必胜客、幸福西饼等品牌在内的2万多家门店也陆续上线了"无接触自提/外卖"标签,太平洋咖啡、满记甜品、西贝、绿茶餐厅等在内的12多万家门店上线了电子版"外卖安心卡"功能。美团携手新白鹿、吉野家、吉祥馄饨、全聚德等300多家企业发起"提升服务安全,餐厅正在行动"的行动,为复产复工增添动力(见图2-2)。

图2-2 美团外卖网发布的公开数据信息

通过推出一系列无接触服务,各大企业逐渐建立了完善的"无接触"全链条销售模式。在新的业态中,我们唯有不断打磨自己,坚持创新,才能挺过那些艰难的时光。

第四节 着力人、钱、货三方面，寻找到转型支点

一、想得其"果"，先知其"因"

零售行业是受疫情影响最为严重的产业之一，能够熬过寒冬的企业，势必会借助这个时期修炼内功、深化转型，把握未来机遇。但是，想得到某种结果，首先要知其缘由。

在本章最后，我们再来总结下，在"无接触商业"下，零售业都发生了哪些最显著的变化。

1. 线上渗透率大幅提升

随着疫情暴发，线上购物比例急剧增加，消费者的消费习惯悄然改变并还在延续。生鲜、食品、洗护等产品对民众生活影响大渗透率大幅度提升。

2. "到店"和"到家"模式成为标配

疫情前期部分店铺已入驻饿了么、京东、美团等支持配送到家的

平台。但总体看来，尤其是在二线或以下城市，到家模式的普及率仍不高，覆盖度也有限，未来还有很大上升空间。

3. 冷链物流提速发展

我国冷链物流始终存在基础设施不完善、"断链"情况严重、腐损率高等问题。如今，在线生鲜需求旺盛和线上渗透率飙升势必会促使冷库建设加速、系统迅速完善、投资规模扩大等改革措施落地。

4. 新零售全面数字化

消费者数字化进程加速，成千上万的用户家庭数据被纳入到大数据库，系统在总体上把控需求，准确地传输到智慧化供应链管理。对个体而言，系统会对每个家庭做精准分析，量体裁衣，实现销售和体验的价值最大化。总之，营销场景无限延展，销售能力渗透到全渠道。

5. 大卖场要么转型要么消亡

各大卖场在近几年也加速发展数字化渠道但是效果甚微。飞牛大润发关闭，麦德龙、家乐福、沃尔玛等自有卖场App也鲜有人知，家乐福虽然入驻多个平台带动了一定的销量，但由于其布点分散，O2O成本高但体验差，对卖场的实际帮助十分有限。

6. 直播无处不在

"直播"这个新导购形态是现在最火热的。段子手老罗找到了自己的核心价值不是工匠精神而是自封首席推荐官；快手出资一个亿争夺老罗失败，老罗最终加入抖音平台成为头部主播。由此可见直播的商业价值非常大。

二、找到转型支点才能稳增长

无论"无接触商业"持续多久，企业把命救回来了，即便熬过了非常时期，也得继续"治病"，让商超恢复到原来车水马龙的景象。

许多超市的预期是以"稳增长"为主。但是2020年疫情过后，超市的经营策略可能在短时间内做出大调整。现在超市的基本基调是"民生大方向不变，小模块动态切换"。那么具体如何调整？可以重点关注生鲜和线上两个方面。

虽然疫情对超市影响很大，但是对于以生鲜为主的超市反而影响不大，有些甚至会上升。这种趋势可能会继续延续下去，所以这是一些生鲜小店的契机。因为疫情的影响，超市的低毛利状态可能会持续一段时间，所以要坚持挺过去。

其次是线上，疫情期间，很多人采取线上方式购买，所以具有外卖能力的超市受到的影响相对比较小，一些之前拒绝线上服务的超市也选择与之合作了。但是中小型超市在选择线上合作的时候需要注意两点：

1. 生鲜标准化

外卖配送，首先要生鲜商品的定量包装标准化。如果超市改造，必须把注意力集中在后台配送中心的设备上，像代替原有手工打包的定量包装的流水设备。前台要将散装售卖的方式改成定量包方式。标准化更有利于线上的模式。

2. 平衡商品价格

疫情之下，消费者可能对超市商品的价格关注度更高。如果选择外卖，包装可能会带动商品成本升高。所以超市如果发展线上就要在降低包装成本和加快生鲜标准化之间找到平衡点，保障商品价格平稳。整体来说，超市的经营策略需要一些大的调整。

按年度说就是上半年保持，下半年创新。如果按照季度来说，就是第一季度抢民生；第二季度保单品；第三季度上新压力有所缓解，但进货采取少量多次形式；第四季度可以从秋季进口食品展等活动上丰富商品结构。

面对同样的疫情危机，各企业的应对能力也大相径庭。例如，河南许昌胖东来的应急速度、措施是最快最到位的，从消毒防护措施，到商品的组织，以及进店的顾客都没有出现任何的慌乱。

想要比那些优秀的企业在危难之中做得更好，我们就要抓紧零售业要素中的三个关键点：人、钱、货（见图2-3）。

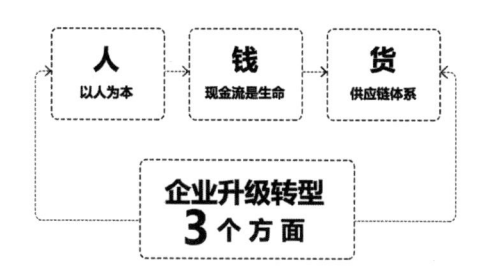

图2-3　企业升级转型的3个方面

我们只是在此提供一种经营上的思路，企业还应根据自身情况具体问题具体分析。例如，在人、货、钱方面，胖东来更注重"人"。

就在2020年大年初一这一天，于东来在微博上发文宣布要"捐资五千万元的现金或物资用于此次抗击肺炎疫情的防治"。这个数据在一天后公布的全国驰援武汉的数据榜单中排名第15。

当人们都惊诧于这个河南三线城市的超市如何做到捐款五千万元时，于东来又继续宣布：胖东来超市决定在疫情期间所有蔬菜按进价销售。

一时间，各种网络新闻报道铺天盖地，很多人带着质疑的目光认为胖东来无非是在作秀，直到越来越多的人开始了解这家企业。

其实，早在2008年汶川地震的第二天，于东来就亲自带领上百名员工及200万元现金、价值50万元的方便面、药品、帐篷、被子等救援物资赶赴灾区。胖东来如其创始人一样，始终是一家很低调、干实事的企业，很多人不知道，在零售界，胖东来早已是标杆企业，就连小米总裁雷军都特意深入胖东来企业参观学习。当时，雷军的评价是："胖东来，在中国零售业一直是'神'般存在。"

根据中国零售数据网显示，胖东来企业在人效、评效方面，在我国民营企业排名第一！换句话说，无论是按人算的平均销售额或利润，还是按面积算的平均销售额或利润，胖东来在中国零售业均排第一名。

很多人不解，胖东来为什么可以做到如此傲人的成绩？更有甚者，很多人常常调侃胖东来是个"没文化"的企业，胖东来的8个高管，几乎都是下岗同事，其中只有一个人上过高中，其他都是初中甚至小学文化水平，就连于东来本人不过是小学三年级的文化水平。

的确，今天我们更习惯用高学历等光环来标榜自己和企业，但胖东来用事实证明，他不像其他企业，大量聘用国外空降兵。在人、钱、货方面，胖东来最在意的是"人"。

1. 把员工当家人看待

在胖东来，只有员工想不到的，没有公司考虑不到的。在胖东来当店长，年薪估算可达100万元；副总、总监级别约50～80万元；各部门员工约5～30万元。在于东来看来，如此高的工资能够让员工把自己的岗位当作一份事业来做。

当然，对员工的关心不仅仅体现在高工资，更在于在胖东来工作，能让员工收获更多的快乐与幸福感。在胖东来，每年员工有30天假期，不允许员工加班，节假日关店休息，各种节假日福利、结婚贺金、生育贺金一样都不能少。在寸土寸金的时代广场六楼则是员工们的娱乐天堂，从健身房到茶水间一应俱全。正是由于各项奖励机制到位，员工的自驱力和幸福感被激发，才能产出远大于人力运营成本的回报。

2. 把顾客当亲人看待

同样，胖东来更不会亏待客户。与其他卖场的促销、打折方式不同，胖东来在最显眼的位置摆放的不是促销广告，而是关于商品的讲解和提示。商场内部的所有显示屏从不播放任何商业广告，取而代之的都是产品的常识、新闻与胖东来的文化理念。在购物过程中，从低温寄存柜到手推车消毒巾，从显示为负数的去皮称重到宠物笼……似乎在胖东来，没有他们做不到的，只有你想不到的。从进入卖场的那一刻起，顾客就有了亲切的感觉。

当我们了解了这些，或许就能理解胖东来在疫情期间的所作所为，这样的企业才是未来中国需要的，真正敢于担当的民族企业！

○ 新 商业思路

运用新模式降本增效、提高营业额

浙江跨湖楼餐饮集团旗下有8家门店，且每个店面都在五六千平方米，拥有上千员工，是当地首屈一指的餐饮企业。跨湖桥在探索"无接触"服务中收获了不少意外惊喜。因为餐饮业员工过年大多数并不回家，近1000名员工都在宿舍。得到复工批文后，跨湖楼紧抓外卖这个突破口，开启云点单，越王东坡鸡、笋干老鸭煲、青梅醋小排等特色菜都可以在线点餐，通过互联网，跨湖楼的大肉包同老客户再次碰面。董事长都没想到肉包和菜品如此受欢迎，单日肉包下单量就超过6000只。

就这样，这家传统餐饮企业开启了"无接触"新篇章，通过新模式实现了降本增效、提高营业额。

中国饭店协会和红餐网联合发布的《疫情防控期间餐企经营指南》中明确"安全"是第一要务。具体内容包括：在公共设施方面，备好测温仪、口罩等防护物资，洗手间配备酒精洗手液，保障消毒充足的消毒设施。在员工管理方面，加强例行检查，组织防控疫情相关培训，让员工具备应急处理能力。在食材保障方面，选择消毒设施和原材可溯源的供应商，建立科学、安全、合理的采购机制。也有很多门店抓住这个契机，细化从选材到加工制作再到配送的全过程服务，透明化的操作标准和高水平的安全卫生保障吸引了大批消费者。

中国是美食大国，餐饮门店众多。以前一部分有国际范儿、走高端路线的餐饮企业，还有一部分以老客户为主、有独到特色的小型餐饮店，这次疫情让这些企业纷纷走到线上，推出了更多地道的美食。

无接触餐饮是餐饮业服务升级的表现。以前很多餐厅的管理与经营没有涉及到技术，对线上关注不够。以无接触模式线上拓展业务给餐饮业带来了新的发展机遇。

在变化无常的环境里，企业最需要注意的就是：每一次重大的经济危机，必然会对传统行业带来影响，但是一定也会催化行业的创新。

企业面临的变革主要有以下显著特点：

1. 市场分化

在疫情的影响下，零售业总体市场格局在由大众化市场向小众化的市场渐渐转变。市场向小众化、个性化、碎片化的市场特征方向逐步在分化。

2. 渠道多元

新渠道快速取代传统渠道，目前整体渠道体系已经形成多元化的渠道模式。现在多元化的市场体系包括：线下、线上、社群等各种创新渠道。

3. 数字革命

近年来，数字化是企业运营的基本方向。数字化技术的应用不仅提升了运营效率，同时也推动企业变革。未来很可能会加快消费品行业和宏观经济的变革。

一次重大的经济危机既倒逼企业进行变革，也是企业在创新中找未来的转型机会。但如果企业的思维模式还和疫情前一样停滞不前，就很难在适者生存的时代活下来并活得更好。

第三章

无接触+医疗：
实现医院智慧化建设

任何事物只有不断迎合、满足使用者的需求，才能得到更迅速的发展，获得更为成熟的发展空间。近几年，我国5G、AI等技术的发展，正是迎合了人们越来越想要快捷、节约时间的愿望，从而获得了前所未有的快速发展。同理，医院的智慧化建设也是在围绕使用者需求不断升级的情况下，开展的新型规划建设。

话说回来，如果没有5G、AI这些新技术的加持，短时间内实现医院的智慧化建设的目标是遥不可及的。而利用5G通信技术，网络数据传输过程更加快速、高效，在开启万物互联时代的同时，也让我们更好地研究大数据（Big Data）、物联网（IOT）、云计算（Cloud）、人工智能（AI）等技术在医疗健康服务中的广泛应用，这也将为我国健康产业的发展起到推动作用。

第三章 无接触+医疗：实现医院智慧化建设

第一节 什么是无接触就医

2020年伊始，突然来袭的疫情让大家措手不及，一时间"无接触就医"成为人们生活的刚需，为互联网医疗的发展提供了新的契机。随之而来的还有一场旷日持久的医疗防疫攻坚战。疫情期间，很多医院开设了互联网问诊服务，"无接触就医"初具雏形，但从长期看，医院服务患者仍旧是诊疗服务的主场景。

而"无接触就医"要做的就是打通线上与线下服务场景，二者之间实现全面的整合和融会，做到线上线下真正结合在一起，打造全新的"无接触就医"诊疗流程，为患者提供更为便捷且安全的智慧就医新模式。

一、"无接触就医"模式解读

以前，"无接触就医"的全场景流程和服务模式往往没有统一的流程梳理、服务标准和顶层设计，导致"无接触就医"发展频频受阻，某些医院建设此功能也是自成体系，呈各自为战的状态。

如表3-1所示，"无接触就医"模式主要涉及到的无接触服务可以简单概括为：统一预约服务、统一支付服务、统一识别服务和统一诊疗服务。

表3-1 "无接触就医"模式解读

应用场景	应用到的无接触服务
互联网医院	预约挂号、身份识别、门诊缴费、消息提醒
门诊自助	预约挂号、身份识别、门诊缴费、详单查询、结果查询
门诊报道	诊区报道、医院报道、药房报道
住院自助办理通道	入院办理、住院预缴、出院结算

"无接触就医"模式打破了医院原本的智慧服务制约，除了自助、窗口等服务场景，还迅速开拓出互联网医院、病区等应用场景，患者可以快速完成扫码支付、医保自助、开电子发票等服务，尤其是便捷支付和人脸识别系统的应用为实现"无接触就医"添砖加瓦，最终实现全场景、全流程无接触就医。

无接触就医主要包括三个方面：减少面诊、线下"无接触"就诊、减少院内停留。其具体建设内容包括移动支付、电子发票、全面精确预约、智能提醒、互联网医院、全流程电子条码（虚拟就诊卡）就医等。

1. 减少面诊

建设互联网医院为复诊、常见病、慢性病的病人带来了福音，他们可以通过线上咨询、问诊就医，接受线上开处方、送药到家等定制服务。对需要去医院检查的患者来说也很方便，他们可以在互联网医院快速预约挂号和检查等项目，让患者在院内院外享受服务无缝衔接，提升患者对医院的好感度。

2. 线下"无接触"就诊

对那些重病和必须去医院就诊、初诊的患者来说，优化流程，大大减少了线下就诊时的接触，例如就诊移动支付、全程无纸化等。

其优势是：

（1）提高了电子健康卡、电子就诊条形码、电子医保等电子就诊设备多场景的应用频率，如应用在自助服务端口、诊间、窗口等场景。

（2）便捷的移动支付应用可以通过自助服务终端或者手机、窗口扫码的方式进行支付，避免了银行卡或现金的交易接触。

（3）打印凭条、报告以及发票实现无纸化。患者在缴费成功后会收到提醒，可以线上领取电子发票和检查报告，通过手机查询。

3. 减少院内停留

实现精准预约、智能导航，让患者就诊时做到心中有数，减少了患者在医院的待诊时间。例如，来医院挂号、手术都可以提前预约。

就医过程中的每个环节都实现了就医智能提醒，例如，智能导航可以精准地指引患者就医，医生可根据所开的处方单或检查检验，直接在就诊中完成检查、检验的预约，并可以在诊间扫码支付，然后去检查，取药也是如此。

整个诊疗过程减少了患者在窗口和自助终端的各项操作，也无需在候诊区盲目等待，可根据消息提醒看到前面还有多少人，合理规划好问诊时间。

这种"无接触就医"提高了患者的时间利用率，打通线上线下的全流程就医场景，推动分级诊疗，解决了医疗资源不足的问题，减少了院内感染，提升了医疗的服务效率。智能引导与无接触就医广受推崇，也为医疗业未来的发展提供了新的思路。

二、势不可挡的"互联网医院"

无接触因具备不受时间、空间限制等特点，使互联网医疗服务在疫情期间成为抗击疫情防止传染的另一大战场。我们要思考的是在疫情结束后，各医疗机构应如何面对实体医院的互联网化。

在"无接触就医"模式下，互联网医院的发展与普及是未来不可阻挡的趋势。加之政府出台相关的惠民政策，大众对"无接触就医"的认知度普遍提升。

表3-2 发展与普及互联网医院的相关政策

发布日期	政策内容
2020年2月7日	在国家卫健委印发《国家卫生健康委办公厅关于在疫情防控中做好互联网诊疗咨询服务工作的通知》中，明确指出执业范围包括复诊、家庭医生签约和慢性病、常见病随访服务
2020年3月2日	国家卫健委和国家医保局共同发布《关于推进新冠肺炎疫情防控期间开展"互联网+"医保服务的指导意见》，明确指出将符合条件的"互联网+"医疗服务费用纳入医保支付范畴，可以在线医保结算在线处方药费等服务
2020年4月7日	国家发展改革委等部委印发《关于推进"上云用数赋智"行动培育新经济发展实施方案》，其中明确提出推进互联网医疗医保的预约分诊和医保首诊制度，开展互联网医疗的药品网售、支付标准分级诊疗、远程会诊、家庭医生、医保结算等应用，加大实践与推广力度

那么，究竟什么是互联网医院？

互联网医院是一个一体化的一站式平台，依托于实体医院，在这个平台以常规咨询和复诊为主，包括问诊、处方、支付和药物配送等一系列服务。它把传统医院和"互联网+"技术深度融合，使医院在患者问诊、医生诊断、患者支付和药品配送等方面更加便捷，实现了云端一站式的医疗保健服务。

通俗地讲，互联网医院就像是医院在网上开的旗舰店，看病拿药就如同淘宝购物，可以在线咨询、网上下单、药品快递到家，节约了排队等候、往返医院所浪费的时间。

那么实体医院应该如何互联网化？

简单来说，就是重点要在以下两个阶段实现线上线下一体化。

第一阶段：患者服务互联网化

患者服务互联网化，是通过线上线下一站式的互联网诊疗系统，实现医院窗口、问诊等线下服务与互联网服务的整合交融，实现数据统一和系统业务协同，保障患者无论是线上就医还是线下就医，信息都是连贯的，为患者提供便利。

例如，小李因胃痛，通过医院在线平台预约挂号并支付费用，按预约时间去医院就诊，医生看诊后开出检查单，小李在线支付检查费用，检查后在手机查询结果，然后回到诊室，医生根据结果开处方，小李在线支付处方费用去药房取药。

第二阶段：诊疗业务互联网化

基于互联网技术打造的线上线下融会贯通的"无接触就医"医院有一体化的识别机制，也就是能够实现线上与线下，院内与院外的消息、订单、信息一体化，让患者的各种数据串联。线上与线下支付场景打通，有方便财务管理的收、退、对流程，定制个性化服务场景，如医生简介、图文问诊模式、在线续方、海外问诊、搜索医生等。

例如，小李在互联网医院上在线复诊，陈医生查看以往病例以及检查结果发现需要多加一种药品。陈医生在线开具处方单，小李在线缴费，医院药品通过物流配送到小李手上，在后续治疗中，小李可继续在互联网医院上随诊。如果在小李康复过程中需要理疗服务，也可以通过互联网医院下单，然后护士上门服务。

目前，我国正在不断落实直接将互联网医疗纳入医保结算政策，国家政策不断加码，发改委更发文"推进互联网医疗医保首诊制"，为互联网医院在未来大展拳脚提供了广阔的发展空间。

第二节　正在被颠覆的就医方式

一、不断增长的问诊需求

2020年新年期间，全民"宅家抗疫"的特殊时期，对于就医用药的人而言，医院成了高危地区，看病成了一件难事。为此，越来越多的患者采取"无接触"问诊的方式看病就医。据国家统计局统计，疫情期间，200多家公立医院推出了新冠肺炎免费互联网诊疗或线上咨询服务。另外，全国至少有10余家互联网医疗平台纷纷推出了在线问诊、义诊、线上购药等服务，这些举措切实帮助实体医疗机构缓解了资源紧缺的压力。

武汉是国内疫情最严重的地方，武汉市医保局第一时间为互联网医疗平台开通了医保支付。该医院为武汉市门诊重症（慢性）疾病的参保人员，提供在线支付、线上诊断、处方外配和线下药品配送上门服务。平台有全国医生助阵，解决了后顾之忧。

随着全国线上问诊需求的迅速增长，疫情期间，深圳有28家医院开通网上就医服务。据国家统计局数据统计，截至2020年2月25日，深圳市互联网医院开具电子处方累计达5866人次，线上诊疗累计6607人次，线上咨询累计达14.7万人次，其中，新冠肺炎咨询累计达8.2万人次，占比达56%。除此之外，互联网医疗平台同样受欢迎，例如，疫情期间，同样截至到2020年2月25日，平安好医生平台累计超过800万次问诊。2020年1月22日至2月25日，好大夫在线线上总流量达2.64亿，总问诊量超过426万，其中肺炎占比20%。自2020年2月1日起，好大夫在线平均每天有2.45万医生在线问诊，相比1月环比增幅24%，用户环比增幅278%。

疫情导致线上问诊需求量迅速增长，同时，民众也体验到网络所带来的便捷，利好政策也在加速落地中。线上就诊这种方式不仅可以解决患者"因药就医"的难题，还可以减少因患者多而带来的门诊压力，节约更多的资源来服务更多的患者。

二、新需求催生出的新场景

由于病毒的传染性，在医疗一线必须采取"无接触"的严格操作，尽管医护人员会严格遵循操作规章流程来进行救助，但是患者之间、医护人员也面临着传播隐患的问题。进入隔离区的工作人员，每次仅穿脱一次防护服就需要花上一个多小时的时间。由于给患者提供送餐、送药等服务，这些都是人与人接触最多的环节。为了解决这一问题，部分医院采用了服务型机器人，催生出了新的应用场景。

1. 机器人"无接触"送餐

大部分医院采用了大量的送餐机器人为患者服务。例如，送餐人下达"去202病房"的指令，机器人就会走到202病房门口，语音提示接受人来开门取物。当然，操作机器人的前提是把预设线路的程序导入机器人的芯片中。多家医院采用送餐机器人来完成日常药物、餐食的配送，在配送的"最后一米"实现了无人操作，降低了隔离区病毒的交叉感染。

2. "消毒机器人"杀菌

"消毒机器人"集成了超干雾化过氧化氢、紫外线消毒等离子空气过滤等消毒方式，同样已经被投入一线使用。它可以最大程度地满足疫情需求，实现对环境物表、流动空气的杀菌。在疫情期间，机器人在武汉疫情中心的6家医院及上海仁济、肺科医院、中山医院、华山医院、温一、温州六院等最前线战场进行7×24小时不间断使用。

疫情的突然袭来让所有人都面临着巨大的压力挑战。而医疗厂商设立线上平台，开展免费在线义诊服务，各级医疗卫生机构也迅速搭建平台，线上问诊开通，助力医院缓解压力。部分城市开通线上医保支付，促进医疗的互联网化进程。我们看到，在这场疫情面前，商业的力量显示出了极大的生命力。

医药行业具有特殊性，"互联网+医""互联网+险""互联网+药"都有各自的复杂体系，而普及的重点与难点不只是就医方式的改变，还有监管与控费等等。因此，加速互联网医疗发展的同时，我们更应该避免因急于求成出现乱象。既然政策为我们打开了一扇门，我们更要找到带领病人通向光明与希望的一扇窗。

第三节 "互联网+"医疗3.0时代来临

2020年11月2日,国家医疗保障局官方网站公开《关于积极推进"互联网+"医疗服务医保支付工作的指导意见》(以下简称《意见》),其中明确指出为大力推进互联网医疗事业的发展,大力支持符合规定的"互联网+"医疗服务发展,线上、线下医疗服务实行公平、公正的医保支付政策。明确规定在2020年年底完成相关"互联网+"医疗服务医保支付管理办法的制定,完善流程和协议文本。这意味着"互联网+"医疗服务终于纳入医保范畴。

"互联网+"医疗支付端的政策打破了长期以来的医保支付困境,提高了医保的使用率和管理服务水平,为人民群众带来更便捷的服务。

一、医疗业迎来医疗、医药、医保"三医联动"3.0时代

如果说互联网的1.0时代是实现了在线预约、院外候诊,那么2.0时代就是互联网医院和在线诊疗的发展。如今"互联网+"医疗、医药、医保"三医联动"则表示3.0时代已然到来。在政策的扶持下,"互联网+"医疗生态大有闭环趋势,进入黄金发展期的互联网医疗将迎来行业

大洗牌。

3.0时代伴随着医保政策的开放，"医疗+医药+医保"三医联动，通过数据和服务更好地赋能互联网医疗。互联网平台企业将各个医疗服务平台的主体排列组合，衍生出更多的合作模式，发挥诊疗平台、慢病管理、互联医院等作用，表现能力不断增强。

除了政策加持，突发的疫情更是互联网医疗发展的催化剂。据艾瑞咨询监测数据显示，从2019年11月疫情出现之初，到2020年4月疫情防控见成效，医疗类App和网页点击量明显增加，健康医疗类App增量与去年同期相比增长迅猛。易观发布的《中国互联网医疗行业年度报告》指出，中国互联网医疗市场规模在2020年高达2000亿元，市场增长达46.7%，是2015年以来的增长峰值。据统计，2018年12月线上医院数量为119家，到2020年4月已经有497家，增幅为317.6%。

同时，艾瑞集团相关报告指出，促进"互联网+"医疗融合的因素，还包括社会老龄化严重和慢性病困扰越来越多。据不完全统计，我国65岁及以上人口在2019年占比高达12.6%，WHO国际标准明确表示，社会步入老龄化的标志是65岁及以上人口占比超过7%。因为人口结构的发展规律，短期内无法改变社会老龄化的事实，随之而来的就是大幅度依赖医疗保障的问题。随着问诊人数的节节攀升，医疗体系压力巨大。要想缓解这种压力，互联网有着不可估量的作用，在保持医疗水平的前提下能够服务更多人群，让更多人享受便捷的诊疗服务。

二、互联网巨头纷纷入局加码，收割流量红利

实现医保支付是推动互联网医疗发展的原动力。面对庞大的慢性病市场以及日趋完善的支付系统，"互联网+"医疗迎来了巨大的发展空

间，随之而来的还有激烈的行业竞争。

据资料显示，京东健康收入来源主要是销售自营的健康产品和医药等，其次是向第三方收取平台使用费和服务费等。据数据统计，从收入来看，从2017年到2019年，京东健康分别收入56亿元、82亿元、108亿元，截至2020年上半年，京东健康总收入已达88亿元。从收入结构看，京东药品销售收入分别占同期总收入的21%、25%、27%。

而互联网的"大佬们"也早已看上了这块"蛋糕"，例如，百度、腾讯、阿里均早已涉足健康领域。由于大众对线上购药接受快、认可度高，根据阿里健康发布的数据显示：截至2020年3月31日，天猫医疗电商平台年度活跃消费者已超过1.9亿，产生年度GMV超过835亿元，与前半年相比增加了3000万。同期医药自营收入同比增长92.4%，有超过4800万的消费者活跃在自营店，与前半年比较增加了1100万。

随着大众对医疗健康需求的提高，中国医疗健康行业开始史无前例的改革，加上持续输出的利好政策，"互联网+"医疗行业带来长期红利不再是空谈。未来我们会通过数字化赋能药品流通，开发院外渠道发展，提供便捷优质服务等策略大力促进医疗行业发展，这些都将对"互联网+医疗"产生深远的影响。

根据知名调研机构弗若斯特沙利文报告指出，从2024年到2030年，中国医疗健康数字化发展比重将会由2019年的3.3%增至中国医疗健康总支出的10.6%和24.0%。"互联网+"医疗市场规模将会由2019年2180亿元扩张到2024年11290亿和2030年42230亿元。可见，中国"互联网+"医疗的前景广阔、充满希望，尤其是大众需求不断增加和国家政策大力扶持的情况下，可以预见，互联网医疗行业终将在发生一系列变革后迎来新的行业拐点。

第三章　无接触+医疗：实现医院智慧化建设

第四节　远程医疗与智慧医疗走进寻常百姓家

一、远程医疗逐渐兴起

20多年前，杰弗里·摩尔撰写了《跨越鸿沟》一书，其中讲述到创新技术被接纳的艰难历程，关键问题是先行者与实用主义者之间的差距。十年前，远程医疗全球实现了远程音视频双向交流、数据传输。而未来的十年则是清扫细枝末节或拆除篱笆墙的时机，在疫情这特殊时期，远程医疗成为了刚需。

对"远程医疗"的定义多数人都感到困惑，不知道理念与实践的区别是什么，包括对互联网医疗、数字医疗和移动医疗等新概念，多数人也都一样感到困惑。简单来说，三米之外就可以称作是远程，人需要借助传统有线电话、移动通信技术、万维互联网甚至智能机器人来达到自己的目的。

如今，数字化医疗渐渐成为主流，但在过去十年里，私营保险公司就在以每年50%的速度扩大远程医疗项目；美国提供远程医疗和健康管理服务的医生超过四分之一；数字医疗是英国国家医疗服务的长期发展计划。随着远程医疗人数的增加，以及与常规服务的结合，远程医疗更有价值了，应用也更为广泛。尤其针对中低收入国家，可以缓解资源短缺问题和刚性需求。然而，多数人并不理解远程服务是如何完成的。其实这就像是互联网银行业务刚从传统银行中剥离出来一样。

远程医疗越来越被认可，不仅成本低，而且效率高。在这次疫情中，也解决了患者无法去医院就医的问题。病人和医护人员以及医疗机构是推进医疗服务变革的强有力的动力。

此外，远程医疗服务如果成为独立服务体系，会更便于监管，安全性会更高，其发展更专业化。有研究者曾经对重症患者监护进行了对比实验，分为医院内与远程居家监护，针对主治医生的交流随访、生命体征的远程监测评估、远程音视频等方面。结果显示，远程医疗减少了不必要的检查、减少了住院天数与人数、降低了居家监护成本。

除了质量评估需要进一步验证，其他结果显示了远程服务模式的未来潜力。

由于一些国家与地区的医院和诊所等服务资源比较匮乏，我们就可以利用移动互联网或者智能手机让患者获取更精准的服务。例如，非洲博茨瓦纳将远程医疗应用于癌症患者随访；尼泊尔将远程医疗应用于治疗和随访癫痫患者；约旦将远程医疗应用于社区抑郁症患者心理咨询等等。随着科技的发展，对于一些疾病，远程医疗既可以进行初步评估和诊断，又可以作为辅助治疗手段。

而基层医护人员可以通过远程医疗服务提高专业能力与临床诊疗能力。但首先需要解决远程医疗基础设施不足与技术应用的问题，尤其需要关注的是社会资本收支平衡的问题。远程医疗另外一个不足就是覆盖不全面，忽略了许多老年人。还由于医保支付、政策的束缚等问题，导致一些人不习惯远程医疗与健康咨询。如果想让远程医疗发挥巨大的潜力，就要让所有人都知道远程医疗不仅方便，而且还是一种有价值且安全的服务。

二、智慧医疗成为刚需

北京被称为"全国看病中心"，每年求医问药的人数高达2.4亿，日均接待外地患者数高达70万。然而距京只有30公里的燕郊三甲医院病床空床率却高达70%。有一些偏远地区的患者看病需要穿州跨省，其他一些一线城市的三甲医院也会有三分之一的患者来自遥远的外地。

曾几何时，挂号难、就医难问题常挂在人们的嘴边，而中国医疗行业的痛点就是跨地区就诊与医疗资源分布不均。

但自从有了互联网、5G新技术的加持，尤其是远程医疗的开展改变了这种情况。智慧医疗应运而生，通过网络，无论你身处多偏远，一样可以享受名医的会诊。

据统计，中国人口占据世界的22%，卫生资源占世界医疗资源2%，而中国每年有超过70亿人次就诊。另一方面，截至2019年10月，我国三级医院2400多家，东部占比高达46%。因为医院等级的不同，很多大医院人满为患，而普通医院却门庭冷落。这种情况下，很容易出现就医体验不佳、医疗资源浪费、医患关系紧张等问题，而且容易陷入恶性循环。随着通信技术的发展，2020年5G已经正式被启用，延时由4G的50～100毫秒变成1～10毫秒，接近完全同步。基于"5G+智慧医疗"的高新技术，让更多人可以直接在"三甲"医院网上就诊，智慧医疗正在逐渐步入人们的生活。

智慧医疗，是利用最先进的物联网、云计算、城域网等技术，以"医疗云数据中心"为核心，实现患者与医务人员、医疗机构、医疗设备之间的互动，逐步达到信息化。从根本上解决"就医难"等问题，做到"人人健康"。

智慧医疗解决方案由以下四个部分组成：

1. 智慧医院

智慧医疗通过医院IT基础设施、信息化应用、医院基础设施三方面来提升医院基础设施智慧化程度，建立智慧医疗。智慧医疗具有五大优势：即时的信息沟通、发展的持续性、便捷放心的医疗氛围、完善的医院管理、实时的公共服务。

2. 移动工作站

在智慧医院系统中，医护人员与患者无障碍沟通交流的重要桥梁就是移动工作站。工作站可以做到查房系统的无线化与电子化，全程进行电子记录，保证医嘱的时效性。采取无线网络和条码技术的结合方式以解决患者与用药的对应问题，无线识别设备扫描腕带及输液贴防止用药差错，这对医院服务质量的提升有一定帮助。

3. 卫生信息系统

智慧医疗的区域卫生信息系统是基于企业服务总线和标准的健康信息交换总线，遵守行业标准设计的框架结构，具有极大的开放性，可以支持卫生信息平台的发展。

智慧医疗解决方案实现的前提是以成熟的、有广泛用户案例的居民为中心，达到信息互联和高效统一，支持卫生服务和管理。智慧医疗解决方案以世界领先的技术与产品为前提，构建卫生管理资源数据仓库和分析模型、整合卫生管理资源、发挥卫生信息资源的价值、提高卫生管理水平。

4. 家庭健康系统

家庭健康系统是借助稳定、覆盖面广的远程医疗网络架构的智慧医疗解决的方案。远程信息数据库连接平台是由网络平台、数据通道、前端采集设备、服务器系统四环相连的信息传输体系。智慧医疗解决方案完善了医疗无线网络移动化方案，让远程家庭医疗无线网络触手可及，为个人家庭提供及时和在线健康医疗。

智慧医疗解决方案打造以"医疗云数据中心"为核心，跨越时空限制，同时让医疗基础设施与IT基础设施相结合，实现医疗服务的医疗体系，它是一个数字化医院。未来，5G与医疗技术的融合，将为整个医疗和健康行业带来前所未有的改变。随着中国逐步迈入老龄化社会，老年病、癌症等成为困扰人们健康的难题。而更多新技术与医疗技术的结合，除了解决人们健康难题之外，其终极目标是帮助更多患者的同时，加速推动健康中国的到来。

○新 商业思路

大健康产业危与机并行

医疗行业属于大健康产业，新冠疫情对大健康产业来说危机并存。隔离所带来的一些限制是它所面临的最大挑战，但是行业都有周期性，有些隐性的影响不会立刻显现，而和疾病相关的一些影响初步是可控的。相比之下，人们对于疾病防控和治疗的意愿更强烈,对于产业转型而言,推动分级诊疗加速互联网医院落地反而是一种正面的影响。

大健康产业是指维持、修复、促进健康的一系列产品信息传播、生产经营、服务提供等产业的统称。具体分为五个领域,分别是:医疗产业、医药产业、保健品产业、健康管理服务产业、健康养老产业。

目前,我国大健康产业主要以市场占比为50.05%的医药产业和市场占比为33.04%健康养老产业为主,健康管理服务产业占比最少,仅为2.71%。大健康产业一直被很多大咖看好,马云说:"未来超越我的人,一定在大健康产业。"冯仑说:"大健康这股风比房地产大。下个五年约有20万亿。"而王健林直接砸下1500亿投资大健康产业。

王健林极为关注大健康产业,不仅成立了万达大健康产业集团有限公司(简称"大健康集团"),而且在昆明打造了涵盖医疗、健康、体育、养生、度假等功能的大健康产业园。王健林投资大健康产业重点开发的是:养老地产的大健康、大健康社区医疗服务的建设、私人诊所+酒店管理。

在字节跳动的版图里也少不了医疗业的影子。2020年5月,字节跳动全资收购了医学科普知识平台百科名医网;紧接着推出了医疗健康品牌"小荷医疗",同时上线了小荷医生App;2020年11月底,字节跳动又在北京海淀中关村e世界财富大厦一层建立了一家名为"松果门诊"的线下诊疗机构,英文名为"PINECONE CLINIC",足见字节跳动对未来大健康产业的重视。

事实上,我国老龄化、慢性病等病例都在不断增加,亚健康更是现代人生活的常态，而随着生活质量的提高，人们会更加关注身心健康，这将促使大健康产业走向发展期。

据新华社报道：中国将成为全球健康产业的最大市场。而且"健康中国"战略明确指出：到2030年，健康服务业总规模将达到16万亿。可以看出，国家也在推广和提倡保健意识。所以从大环境看，健康产业目前可以看做是未来的朝阳产业。

我国大健康产业未来的五大趋势分别是：

一是远程医疗、双向音频远程、慢病监测、区块链医学等高科技化；

二是人工智能、"物联网+"等新技术的智能化；

三是精准化、标准化、专业化的全生命周期健康的照顾管理系统；

四是未来大健康产业与文化、旅游等的融合化；

五是通过"一带一路"大健康驿站建设，让中国的健康产业走向国际化。

除此之外，根据中国互联网市场领先的大数据分析公司Analysys易观分析预测，未来医疗行业在以下几个方面也将迎来新机遇：

1. 协同合作

医疗企业服务的重要机遇就是与医院协同合作，如果抓住这新的或者更深层次的协同和共生模式，那么前景将不可预估。根据易观分析数据显示，2019年至2020年医院端App的活跃用户增长达254%，11%的二级以上医院拥有自己的App，50%以上的二级以上医院基本都完成了用户触点的建立。

2. 智能医疗器械

疫情期间，智能医疗器械产生的大量医疗健康数据已被采集与应用。随着5G技术的发展与普及，智能家用医疗器械也将是新流量入口，成为重点合作对象。

3. 实体药店数字化转型

由于疫情影响，实体店客流受到严重冲击，开展创新零售模式与服务，实现数字化转型则变为主要的发展方向。

第四章

无接触+教育：
云在线教育新风口

根据2020年2月20日中国民办教育协会培训教育专业委员会发布的《新型冠状病毒疫情对培训机构影响》调研报告显示：在我国，90%的教育机构受到了疫情影响，其中，25.4%的机构经营出现部分困难，勉强维持；36.6%的机构经营暂时停顿；29%的机构经营面临严重困难，受疫情影响较为严重。

　　实际上，早在几年前，关于传统线下教育机构向线上转型这一问题就在业界争论不休。只是，2020年来势汹汹的新冠肺炎疫情迅速将"到底要不要转型"的课题再一次抛在了教育机构面前，并且让人别无选择。不转型意味着"等死"，但转了也并不意味着一定会成功。

　　可以肯定的是，并非所有的教育机构都适合转型。例如，营地体验类培训、舞蹈音乐类培训、婴幼儿教育类，其课程本身更注重参与体验。那么，在环境受限的前提下，这些机构在短期内并不适合完全转型线上。

　　而那些开始转型的企业，成功转型也绝非一日之功。一家零起步的线下教育机构要转型到线上，从技术、团队、运营、管理、教研等环节，到内容、教师、业务等流程，至少需要半年到一年的时间。否则，一旦其中某个环节脱节，那么"踩坑"是难以避免的。

第一节　在线教育的变革才刚刚开始

一、在线教育发展的背景

面对疫情带来的严重影响，各行各业都在不同程度上停工停产，教育部也发布了延期开学的通知。随之而来的是大规模的"无接触式"教学，这种模式属于远程教育的一种。多家培训机构相继宣布将响应号召，落实"停课不停学，停课不停教"的政策，免费为全国中小学生开通在线直播课程。

就这样，全国各地的中小学和高校把课堂搬到了线上。有些地区选择在线教育平台的课程资源主张让孩子们自主学习，有的地区让老师以网络直播的形式为孩子们授课，教育部专门为偏远的山区提供电视课程便于孩子们学习。

随着我国移动互联网的发展，中国的在线教育也已发展了十几年。但在疫情暴发后，线上教学仍遇到了一些问题和挑战。不过这也促使与在线教育息息相关的软硬件设施迅速更新换代，从另一个角度而言，疫情进一步加速了我国在线教育的发展，或许将为中国的教育领域带来新的变化。

二、在线教育是否迎来风口？

根据艾媒咨询最新发布的《2019年至2020年中国K12在线教育行业研究报告》数据显示：中国的在线教育用户在2020年将达到3.09亿人，K12在线教育用户将达到3765.6万人。

在课程领域中少儿编程类、绘画类和数理思维类的市场需求正在逐渐扩大。随着社会越来越重视教育，K12在线教育市场的发展潜力非常巨大，尤其是在三四线城市和乡村地区有很大的发展空间。在线教育机构可以将眼光放在开发下沉市场，第一时间共享优质的教育资源。

那么，种种线上教学活动的开展是否意味着在线教育风口的到来？

首先我们要明确一点，在线教育也需依托互联网技术来实现，而互联网教育的竞争态势随着流量高峰的到来进一步升级，行业集中度攀升，具体表现为：

1. 行业马太效应

疫情期间，各在线教育平台使出浑身解数开放免费课程，积极投放广告。在这场战役中，大家最青睐的还是那些知名的在线教育平台，行业的马太效应更加明显。

根据易观相关App榜单的数据分析，在2020年2月，作业帮作为中小学教育领域的常用App一直活跃在榜首，随着疫情发展延期开学政策的实施，后来者与作业帮的日活动规模差距进一步拉大。职业教育领域和语言教育也存在同样的趋势，腾讯课程在教育平台领域充分发挥所长，利用自身庞大的用户优势实现用户的快速增长。

2. 教育行业迎来大考，加速优胜劣汰

一方面，随着后疫情时代的到来，在线教育面临更大的考验，面对市场的优胜劣汰，在线教育平台是否有持久的运营力还未可知。大量新用户涌入平台，平台的教育质量和服务能否持续满足用户需求，中小型厂商本身就难以负担持续开放的教育资源和广告宣传带来的成本压力，最终能够占取市场大份额的会是那些有运营效率优势和具备教育资源的教育平台。与此同时，还会有源源不断的线下教育平台陆续开展线上业务，未来赛道将更加拥挤。

另一方面，随着我国疫情逐渐得到控制，在线学习用户终究会回到常规的学习场景和学校教育模式。到那时，在线教育不再是唯一的选择，此时互联网教育平台能否实现用户存留和用户转化，究其根本还要看用户的教育体验和教学效果。

面对这种情况，在线教育平台必须突出在线教育的资源配置优秀、个性化教学和灵活性强等教学优势，提供区别于线下的教育体验和服务。例如，推送智能互动教学、实现可视化知识导线图、深耕AI学习推荐功能，努力提升用户对品牌的使用粘性和认可度。

疫情期间，学霸君、好未来等教育机构凭借自身的技术能力，为线下培训机构和校园提供了直播平台、解决方案等支持，使教育开始从硬件升级走向场景实践和资源共享，推动了教育行业的数字化发展与服务升级。

在线教育平台可抓住这个契机，将业务输出从内容向平台技术层面转化，将自身研发并且能够成熟应用的语音测评、数据收集与分析等能力应用到教育行业的数字化改革，扩宽业务范围，在行业数字化升级和减负教育的政策下谋求新的发展空间。

第二节 抓住风口，收割新一波红利

在线教育行业本身就在持续发展，只是疫情的到来把它提前推到了风口浪尖。疫情期间线下教学场景被切断，用户都被隔离在相对封闭的空间里，时间也被重新分配。

以前大家用碎片时间做自己感兴趣的事情，现在时间充裕了，就会有更多的精力发展自己的兴趣爱好。以前口罩是备用品，现在摇身一变成了出行的必需品。再拿奶茶来说，很多奶茶品牌为响应广大用户需求开启量贩装奶茶新销活动。无论是口罩还是奶茶，都体现出用户对产品价值的认知有所改变。而教育的本质是高效地传递知识，让孩子能够更好地吸收所学。对在线教育而言，原本用户的学习时间是一整段的，但由于这种变化的出现让孩子不得不重新分配学习时间。

一、在线教育的未来将何去何从？

很多人的疑问莫过于疫情过后的线上教育将何去何从？

第四章 无接触＋教育：云在线教育新风口

一部分有实力的线下机构会思考如何完成OMO①的顺利融合，对于那些没有足够的实力转到线上的教育机构也不忍心把自己的全部数据转存到第三方供应商。目前，对大部分在线教育企业而言，尽管用户增长量与用户活跃度都在逐步增长，但如何处理因免费带来的额外成本，如何留住用户，是目前最难攻克的问题。其中，实力较弱的线下教育机构可能随时被迫关门甚至面临停业危机。之前的用户要么被在线教育企业吸引，要么流向口碑较好的头部教育机构。

受此次疫情中"停课不停学"政策的影响，教育机构纷纷选择直播或录播的方式进行线上授课。直播中最常见的是大班型授课模式，这个模式见效快周期短，相对成熟。

教育产业的商业本质是用最高效的方式，提供最优质的教育产品。在可预见的未来，互联网技术会持续赋能教育行业，为教育行业的创业者提供更多的机遇和市场空间。

二、线下教育机构面临的生死大考

在疫情期间，许多线下培训机构和零售、餐饮业一样都被迫停课停业。

2020年1月15日，央视频与学而思网校联合发布消息：学而思动员全球百位老师从2月1日开始为小学一年级至高中三年级学生免费授课。据统计，每节课的实时在线人数高达200多万人。2020年2月3日，作业帮、猿辅导也跟随学而思脚步迅速开展线上课程，创造了同时在线人数的新

---

① OMO商业模式（Online-Merge-Offline）是一种行业平台型商业模式，通过在线分享商务、移动电子商务、线下商务的有效聚合，帮助企业顺应体验经济的发展和用户需求的变化，简化获得实体商品和服务的途径，打造线上——移动——线下三位一体全时空的体验店营销系统，使企业与用户能够通过各种载体及终端进行交易和消费。

纪录，各互联网巨头也纷纷加入。

截止到2020年2月10日，30多个省份的学校加入了阿里钉钉的"在家上课"计划，通过钉钉在线课堂展开教学工作，覆盖全国5000多万学生。同时，腾讯教育与全国40多家教育局建立联系，超过100多万的老师使用腾讯会议、腾讯课堂等软件开展线上授课。

除此之外，抖音也进军教育课堂。在2020年2月3日至6日，清华大学在抖音平台开启5期直播公开课，北京大学在2020年5月2日也发布消息在抖音平台推出了课程直播。首期课程观看人数超过了19万。

可见，传统线下教育转型对在线教育具有重大的现实意义。它加速推动优质教育共享力度升级，让落后地区的孩子享有公平的教育机会。但由于各地区科技条件参差不齐，在线教育在我国并未实现全面普及。就像电脑已成为常见工具进驻百姓家庭，但对于偏远农村或者小城市而言普及率并不高。原因有很多，例如，3G和4G网速不稳定，5G网络相对较贵，亦或者老师或学生想开通网课，但流程琐碎并且平台很难承受大量学生同时在线引起的峰值压力。最重要的是，和线上教学相比，学生和家长都更加习惯线下教育模式和场景。如今，随着平台的完善和软、硬件技术的成熟，在线教育在疫情的催生下，如雨后春笋涌现出来，并在短时间内成为唯一的授课途径。

目前，我国的在线教育平台几乎不用花费任何费用和手段就能够获得新用户，再加上平台提供优质的服务和体验，会在很大程度上影响用户的喜好，增加留存率。疫情下各大平台机构都开始用"免费"这张王牌吸引用户，即便疫情过后只有1%的用户留下，也相当于节省了巨额的营销费用。

当然，教育的转型与变革方向，绝不只是从线下转到线上一种模式。当疫情渐渐过去，有价值的线下教学沙龙、研讨会，甚至是与文旅产业相结合的研学旅行，同样能带来不一样的体验。只是，就目前的发展态势来看，尤其阿里、腾讯这样的互联网巨头凭借自身的技术和流量优势，逐渐颠覆着传统教育。未来，只会有更多的中小企业顶着技术、资金和流量三重压力，被教育界淘汰出局。如此看来，不如及早入局，探寻生死一线间的光明。

第三节 猿辅导的逆袭

也许巨头们或许依旧是笑到最后的赢家，那是因为它们本身坐拥雄厚的资本，有着应对危机的强大能力，对于普通的传统教育企业来说可以借鉴的思路有限，所以我们不能只看"教育一哥"们的做法。在这里我要举一个"平民"翻身的例子，那就是猿辅导。

一、默默无闻的猿辅导

2020年3月31日，猿辅导CEO、创始人李勇在致全体员工的一封信中写道：公司最近新完成了一轮高达10亿美元的融资，是迄今为止最大的一笔教育行业融资，公司估值78亿美元。

如下图4-1所示，猿辅导成立8年来共计融资8次。企业融资的钱一般会首先考虑用于企业研发，然后是品牌建设和市场推广，最后用于行政、人力支出等。通过这次融资，猿辅导可以大刀阔斧地开拓业务边界，进行业务创新。

猿辅导融资汇总

时间	融资轮次	融资金额	投资方
2012年8月	A	1000万美元	IDG资本
2013年8月	B	700万美元	经纬中国、IDG资本
2014年7月	C	1500万美元	经纬中国、IDG资本
2015年3月	D	6000万美元	华人文化产业基金、新天域资本、IDG资本、经纬中国
2016年5月	D+	4000万美元	腾讯公司
2017年5月	E	1.2亿美元	PE、华平投资集团、腾讯公司
2018年12月	F	3亿美元	腾讯公司、华平投资集团、经纬中国、IDG资本
2020年3月	G	10亿美元	高瓴资本领投、腾讯、博裕资本、IDG资本等跟投

图4-1 猿辅导8次融资数据统计

但实际上，当2020年央视春晚主持人念出"猿辅导在线教育"这几个字的时候，大多数的观众对这个公司的名字还很陌生。正因为不是大众熟知的品牌，直到除夕前10多天才通过春晚审查，成为第一个登上春晚的在线教育公司。央视工作人员还给猿辅导负责人发微信，温馨提示对方要提前准备好服务器避免宕机。除夕这天，预期的宕机并没有出现，但谁都没想到在十天之后，新冠肺炎疫情导致延迟开学，全民网课活动让猿辅导名声大噪，瞬间成为大家关注的焦点。

二、"平民逆袭"

猿辅导推出免费直播课程的当天就有500万学生线上关注，这也让猿辅导在线教育扬眉吐气。

1. 高质量网课

疫情下，面向中小学生的免费直播课，猿辅导开设了提升人文素养的大师人文课、巩固学习的学科课程以及榜样青年说。同时《最强大脑》科学总顾问、北京师范大学心理学教授，应邀在猿辅导平台为全国中小学生进行疫情期间的心理疏导。学生可以根据自己的需求有选择地参加直播课，在他们看来，直播课不仅能学到知识还能提升综合素质，有效缓解疫情带来的焦虑情绪。

2. AI+教育的产品逻辑

如果说传统的九年义务教育实现了"有教无类"，那么，随着大数据学情分析、AI技术进步和数字化平台的完善，在线教育能够帮助老师和家长更好地分析、了解学生，以便"因材施教"。

猿辅导在课前为学生提供预习资料，课上引导式介绍知识点内容，课后通过用随堂测验来统计学生答题时间与正确率，并根据这些数据随时调整教学重点。海量的用户沉淀了庞大的数据库，为猿辅导在线教育形成商业闭环奠定了基础。

3. 重塑教育：从"学到"到"得到"

在猿辅导的众多产品中，以斑马AI为代表的低幼阶段产品以黑马之势冲出重围，在不到两年的时间里，成为猿辅导体系中第二大收入产品。斑马AI从根本上改变了学生的学习方式，从传统的"学到"化为"得到"。用户可以通过"学到"掌握某种语言，能够轻松使用该语言进行沟通交流。"学到"是一个自然发生的过程，没有刻意而为之，只是使用频率高就自然而然地学会了，这就是在不知不觉中学习，也称之为"内隐学习"。猿辅导的这一价值主张颇受用户认可与欢迎。

想要在竞争中占有一席之地，就要有持续学习与变革的能力，这样才能更好地迎接不确定的未来。对于下一代来说，教育的变革正在试图剔除"考完就忘"的标签，让下一代在接受教育的同时，对外界保持强烈的好奇心和求知欲。疫情催化下的在线教育企业普遍获得了大量用户，但如何做好优质的产品内容与服务仍至关重要。如果在线教育平台不能平衡好商业化与服务之间的关系，企业想要更好地生存并参与竞争就会阻碍重重。

○ 新 商业思路

在线教育的变革才刚刚开始

在李勇发布猿辅导最新一轮10亿美元融资完毕的消息后，相信很多从业人员都在思考：在线教育市场是否已成定局？

首先可以肯定的是，在线教育发展至今尚未形成系统化、专业化的产业链。现阶段的在线教育实践还存在以下几个问题：

1. 缺乏专业教学平台

参差不齐的教育平台大量涌现，甚至非教学专用平台也纷纷开启课程直播。这些平台只能达到直播需求却满足不了教学需要。良莠不齐的直播平台冲击着线上教育的发展。

2. 教师不熟悉教学设备

由于疫情突发，教师和学生对线上教学软件的使用方法不熟悉，准备不充分，就会发生一些类似直播已开始老师还在喊话筒类的"教学故事"甚至更为严重的"教学事故"。因缺乏专业的使用培训的指导，导致师生在开课时经常手忙脚乱，状况不断。

3. 忽视了学生的自主学习

自主学习任务既能让学生有明确的学习目标，又便于老师了解孩子的学习情况。起初的直播课，因教师没有明确布置自主学习任务，使学生没有明确的学习指导，导致其不能跟住老师的节奏，最终变成脱节式授课。

4. 难以掌握学生真实状态

线上教学只是对着狭小的屏幕了解孩子的听课状态，而在教室授课时，老师对学生们的状态是一目了然、尽收眼底。因此，当老师专心于线上授课时，不能准确地掌握屏幕另一端的学生是否在专心听讲，是否真的听懂了。

猿辅导、学而思网校等大班双师课程发展迅速，单季度付费用户已达百万。猿辅导旗下的斑马AI也是"盛气凌人"，单月营收已达几亿规模。头部教育机构攻城略地，战火纷飞，还有阿里、腾讯等互联网巨头虎视眈眈，让在线教育的流量更加趋向头部企业。

虽然目前还存在上述问题，但在线教育的创新空间依然是巨大的：

1. 在线教育新业态

早期的线上教育为解决师生跨地域教学的难题，以录播直播为切入点。互联网让教学不再受地域限制，各地的学生都可以便捷地同国内外教师沟通交流。从教学结果与效果来看，线上教学并没有比线下教学有更充足的优势和条件，直到近两年出现了微课和大班双师课等独有的线上教学产品，才让线上教学具有了教师成本端的优势。

2. 在线产品创新的突破点

互联网产品在教育形态上优化了教师的资源配置。线下教育模式，教师要负责测评学生的各个环节，担负服务家长的流程工作，造成大量资源浪费。线上教学则可以让教师集中精力到核心的教学内容或测评环节，利用辅导老师或者标准化的产品承担非教学任务，从而提升教师的资源配置效率，优秀教师的代班人数可达1∶1000以上。

3. 教育供给规模化

传统教育中，教师供应链瓶颈受限于"人"，很难形成规模化优势，在线教育产品"去人化"让规模化变成现实。教育的规模化发展会让教育资源供给具有普遍性，谁能够研发出教学质量高的产品，高效地提供优质教学解决方案，便能在未来的在线教育市场中锋芒毕露。

在教育行业的发展史上，从未有过像今天这样丰富的工具颠覆传统教学方式，提升教师在授课端的效率。从新东方百人大课班，到学大1对1个性化教学，再到学而思效率与效果齐头并进的小班课堂……随着教育形态的创新，市场机遇也随之扩大。不断迭代的教学模式拓展了教育培训的边界，优化了资源供给效率。

我坚信，每一次的竞争都是颠覆的新生，在AI技术和移动互联网技术的驱动下，在线教育带给教育行业的变革，才刚刚开始。

第五章

**无接触＋物流：
数字化加速打通物流最后一百米**

如果说2003年的非典，让电子商务在夹缝中博得了自己的一片天。那么，2020年会有什么非凡创举诞生呢？

当突如其来的疫情席卷中华大地，物资告急，武汉封城，百业凋零。很多人说绝望中孕育着希望，危机中也充满商机。

在疫情的危机中，"无接触物流"这一模式应运而生。

无接触物流可以简单理解为通过线上方式代替传统模式，在彼此约定地点进行取送货，在线上实现查询轨迹节点、开取发票等活动，该模式的好处是减少了物流环节人员直接接触的次数。尤其在2020年疫情时期，最大限度地保证了相关人员的健康与安全，同时激活了物流企业的运输效率。

第五章 无接触＋物流：数字化加速打通物流最后一百米

第一节 什么是无接触物流

物流是保障民生必需、防疫应急等物资有效运输的关键环节，受新冠肺炎疫情的影响，少接触、无接触的物流转运与交付等运输方式的变革受正到前所未有的挑战。

一、什么是"无接触物流"

我国物流信息互通共享技术及应用国家工程实验室将"无接触物流"定义为：物流配送人员通过智能快递柜、驿站、代收点或用户指定地点实现寄递物品投放，避免与收件人直接接触的一种配送行为。

无接触物流的目的在于减少物流各环节中，人员面对面直接接触的机会，在疫情时期以保证各方人员安全，同时提高物流效率。

无接触物流成为刚需，快递柜作为物流环节的配套设施也得到了我国相关部门的政策支持。

2020年1月30日，我国国家邮政局市场监管司副司长侯延波在国家卫生健康委员会发布会上表示："按照卫健部门的要求，对于进出武汉的邮件和快件采取定点收寄、定点投递的模式，由快递员与用户进行电话联系，优先选择投递到智能快件箱，以减少人员间的接触。"

随后，各级政府、邮管局、防疫办等部门均出台了相关政策，鼓励物流业采取无接触配送方式，在派送时优先使用智能快递柜。

2020年2月19日，我国交通运输部、国家邮管局、中国邮政集团联合发布了紧急通知："在设立智能快件箱的管理区域，邮递员、快递员做好进出登记备案、体温检测、佩戴口罩等工作后，应允许其优先将邮件快件通过指定路径直接投递到智能快件箱。"

二、新运力、新形态加速推动"无接触配送"

受大环境影响，社会的需求也在不断变化，一些传统企业也在慢慢转型，物流行业正是其中之一。物流行业利用大数据、5G、人工智能等新技术实现了无人运输、准确投递、无接触配送等新场景模式，为未来的发展夯实了基础。

无接触配送是无接触物流的关键环节，是指将商品放置到指定位置，如公司前台、家门口，通过减少面对面接触，保障用户和骑手的安全。

美团外卖于2020年1月26日在国内率先推出"无接触配送"。闪送也陆续跟进上线了"无接触配送"服务模式，确保每次只服务一笔订单，避免了拼单带来的交叉感染风险，为安全递送更添一层保障。为了避免人与人接触所带来的交叉感染，以及小区封闭所带来的影响，京东、美团、饿了么、苏宁等企业都纷纷试水无接触配送。

2020年2月5日，武汉疫情告急，同时快递点货物积压严重，京东物流直接利用自己研发的无人配送车将货物送到武汉第九医院门口，接物资的医护人员只需不到5分钟的时间就完成了输入密码、取出包裹的整个无人接触的过程；

饿了么的机器人"赤兔",也从上海出发,赶赴温州集中隔离点紧急支援；

美团最先在北京顺义区、海淀区落地,由于无论是机器人还是无人机都没有办法输入一套完整的现场地图,所以物流研发团队开发了"无人扫图"新功能。美团用了72小时紧急技术攻坚,让无人车和室内机器人迅速出动,"行走"于道路、园区之间；

2020年2月12日上午,一架顺丰无人机空降武汉市金银潭医院,顺利将医疗防疫物资送到了一线医护人员的手中。

在疫情期间,看着那些没有温度的机器人奔波于医疗现场,显得格外温暖。这些机器人有着自主规划路线、避开障碍物、载物容量大、自动返回充电等特点。无接触配送最早发展于2003年非典时期,当时也有一些机器人奔波于"战场"。经过将近20年的发展,机器人、无人机都变得越来越智能化,从简单的配送、医护增加到有监测疫情、消毒等功能,虽然已经越来越智能,但是面对现在的复杂环境,设备的适应性与感知性还需要进一步提高。

无接触配送的投入最终会产生"滚雪球效应"。基于末端物流和无人配送的需求,最终形成区域性"无人配送网格化服务"基础运载网络。这种未来趋势不仅适应城市发展、人口需求和管理需求,也在逐渐改变我们的生活习惯。无接触配送正在按照其现有的发展路径不断延展、开拓新的应用场景。与此同时,加强快递业上下游、行业之间的相互协同也是未来的发展方向。

第二节 逆流而上的顺丰

一、顺丰的"逆势增长"

顺丰凭借自身强大的物流网络系统，高于同行业水平的员工基础薪资待遇、全国性的大规模布局，在2020年初的非常时期国内快递业务量整体下滑的情况下，顺丰却稳定运营，在2020年1月实现了逆势增长。

2020年2月24日，顺丰公布了2020年1月的经营情况，数据显示：2020年1月份顺丰的业务量增长了40.45%，达到5.66亿票，营收收入（含供应链业务）高达116亿元，同比增长14.40%。

2020年2月26日，三通一达（圆通、申通、韵达）也分别发布了2020年1月的经营报告，数据显示：三家公司的快递业务收入同比降幅都超过20%。

尽管2020年初全国快递业务量及收入双双下降，但顺丰却保持逆势增长，究其原因在于：一方面，"三通一达"等快递企业属于加盟制，各网点工作人员复工时间纷纷延迟，导致很大一部分市场需求转向了顺丰；另一方面，消费者在居家隔离期间使用线上购物代替线下购物，电商物流的需求量增加。此外，各地在线上采购全球医疗防护物资的需求增加，跨境运输的快递业务量增加。需求增加，服务却减少了，这些都进一步推动了顺丰的业绩增长。

二、顺丰的战略布局

特殊时期，在其他快递公司都鸣金收兵的情况下，顺丰却打了出彩的一仗。顺丰是如何完胜这场战役的呢？当生活恢复正常之后，顺丰还能继续保持这种优势吗？

1. 顺丰的长久布局

顺丰之所以能在逆势中依旧保持增值，离不开顺丰航空的长久布局。

从顺丰官方公众号公开发布的数据里可得知：2020年1月24至今，顺丰航空陆续开启了从深圳、杭州、北京、淮坊、宁波、呼和浩特、长春等地飞往武汉的防疫物资运输航班。截至2020年2月20日，该类型航班总量已达到107个，累计运货量2,682吨。除此之外，顺丰航空承运海外的各类医疗防疫物资的国际货运航线如美国、欧洲、印度等地也全部恢复。

2. 培养团队长期蓄力

顺丰不仅有自己的航空，还有自己的机长团队，并且在湖北建起了一个顺丰专用机场。顺丰的航空版图越做越大，绝不是一朝一夕之事，而是长期蓄力的结果。而这种战略布局则源自创始人王卫一直将科技当做一把利刃，虽然这次只是初露锋芒，但是王卫想利用智能化发展快递行业的野心显而易见。

3. 直营模式优势凸显

顺丰采取的是直营模式，在短期内可以随意调集需要的人力物力。和顺丰相比，其他民营快递采用的是加盟或直营+加盟的运营模式。加盟的优势是企业的管理成本相对较低，但是加盟存在很多弊端，如不服从指挥、团队散漫，总部往往没有绝对的权力要求并监控各个加盟店在疫情期间坚守岗位等。

虽然直营的管理压力比较大，但是可以对所有业务环节进行把控，掌握核心资源，拥有绝对的调配权。这也是为什么顺丰很长时间以来净利率一直低于同行业的重要原因。然而，顺丰的直营优势在这次疫情中发挥得淋漓尽致，因为总部控制了全部快递的核心资源与网路，因此可以做到上令下达，步调一致，效率极高，这也是顺丰在疫情中可以逆势增长的基础。在各大快递还没有复工的时候，顺丰已经为湖北运送超1亿件包裹。

理性分析，顺丰模式的弊端在于阻碍了顺丰快速铺设网点，下沉市场业务推进缓慢。近几年，顺丰一直走的是高端路线，客单价不仅明显升高，甚至是"三通一达"价格的双倍。在电商件市场上，"三通一达"业务量明显高于顺丰。在未来发展中，电商物流会进一步增长，电商件也将是快递行业的竞争趋势。顺丰似乎也有打入下沉市场的决心，于2019年5月推出的特惠电商件业务足以证明，其快递业务量实现较大幅度增长，虽然在某一时期不及"三通一达"，但是总体增长的速度却高于快递行业。

可以说，顺丰利用航空网络和直营的优势，打了一场漂亮的翻身仗。

第三节　美团外卖：引领企业社会责任新方向

虽然新冠肺炎疫情让各行各业都受到不小的打击，但对外卖行业而言却是新生的机会。2020年的春节，消费者"足不出户"，外卖平台成为消费者购买生活必需品的首选渠道。美团、饿了么等平台的外卖订单量激增。

对外卖行业而言，订单量急剧增长固然是好事，但在疫情蔓延时期，大量的订单也意味着外卖小哥们在配送过程中有更大的风险出现交叉感染，这是亟需业内解决的问题。

作为外卖行业两大巨头之一，美团先人一步，走在了行业的前列。

一、美团战"疫"先人一步

2020年1月20日，钟南山院士在接受白岩松采访时就表示，确定病毒存在人传人的情况，主要传播途径除了呼吸道传播，还有接触传播。

2020年1月26日，美团外卖率先宣布为了避免面对面接触，在武汉试点"无接触配送"，改变此前"手传手"的送餐模式。

用户下单时，可以通过App内消息提示、电话、订单备注等方式，与骑手协商一个指定位置，如家门口、公司前台等等，骑手送达后会通知下单者自助取餐。虽然以前也会出现这种情况，但是疫情期间这种无接触配送方式，会让人放心很多。

就算时时消毒、天天检查，平台也不可能把风险归零，无接触配送还是存在一定风险。同时对于餐食的采买制作整个流程以及相关人员情况，消费者全然不知。外卖平台做到"无接触"只是保证了整个过程中一小步的安全性，其他的步骤中都藏着未知的隐患。商家推出"无接触"模式，不仅仅是为了安全考虑，也是为了未来的发展做铺垫，这种模式带动外卖的效率提升进而增加了订单量。

2020年1月30日，美团智能取餐柜率先在武汉、北京两地试点运营，做到了进一步升级，为小区用户提供更便捷的服务。截至2020年2月12日，美团外卖通过《无接触配送报告》发布显示：美团米面粮油、生鲜果蔬等超市类订单销售额同比增长400%，采用"无接触配送"的订单占整体单量的80%以上。此外，受消费者青睐的3个指定无接触取餐位置分别为"放门口""挂门外把手""放前台"。

二、业绩背后是责任

餐饮经济活动随着武汉疫情的解封在逐渐恢复。通过美团数据显示，截至2020年4月8日中午12时，武汉已有超过50%的餐饮商家恢复外卖业务，其中超过一半的商家外卖订单量恢复过半，早餐外卖订单量不断增加，4月份外卖订单量同比3月增长近50%。

美团一直是外卖平台的领军企业之一，庞大的用户群体和合作商家都是美团的坚强后盾。

第五章 无接触+物流：数字化加速打通物流最后一百米

美团外卖作为国内第一的外卖配送集团，属于一个创业型的公司。疫情影响下，人们极少出门，对于实体商家来说就是被断了客源，所以美团外卖承受的不仅是300万商家，更是300万个家庭，还有500万的骑手。

美团外卖、美团骑手、美团的商户都是美团的共同体，美团外卖就是因为有这300万的美团商户，才可以赚取佣金，美团骑手同样在等待着美团商户的订单才可以赚钱，三者是共赢互利的关系。在特殊时期，美团外卖为用户补贴外卖红包高达5亿，为商家补贴高达4亿，从而为骑手创造更多的利润。特殊时期，美团选择了和企业共同面对，承担社会责任，助力复工复产，攻克难关，让我们看到了作为行业龙头应有的社会格局和企业担当。

值得一提的是，虽然美团推出"无接触安心送"等创新举措，是为了让广大消费者在抗疫特殊时期能放心用餐，却也不断督促着商家提升外卖食品安全和健康标准。从这个意义来说，美团的举措将会带动其它平台甚至整个外卖行业服务标准的提升，可谓功在当代，利在千秋。

> 新 商业思路

后疫情时代无接触配送何去何从

"无接触商业"不是简单的"无人零售"或"无人配送"，无接触物流更不是简单地把快递放在指定位置即可。"无接触"的技术相对复杂，所涉及的领域也十分广泛。

想要发展"无接触物流"首先要考虑的问题就是算力问题。

"无接触"就是利用智能取代由人提供的服务，人机交互取代人与人的直接沟通对话。"视觉+人工智能（AI）"就是解决人机交互难题的技术。其中深度视觉能力、"视觉+AI"技术的计算速度以及智能分析水平都是"无接触"服务能否给人们留下好印象的关键。

　　掌握了技术，接下来就是解决方案的落地。我们可以通过优化产品和解决方案促进人工智能领域生态发展和智能应用的落地，进而达到"无接触"技术的落地，打造互联网的新世界。

　　例如，上海虹桥机场T2航站楼的"云拿便利店"就是对"无接触"零售最好的诠释。首次进店的时候，顾客只需要在"云拿小程序"开通"免密支付"，就可轻松实现"无接触购物"，甚至购买的商品无需扫码就可以直接结算，整个购物过程做到"无接触"。

　　想要转危为机需要企业有清醒的头脑、持续发展的动力、与时俱进的科技以及创新的能力。目前为止前面提到的这些发展领域到底是新风口还是一场龙卷风，仍需拭目以待。

第六章

无接触 + 各行各业：
未来皆可"无接触"

除了前几章重点提及的行业，在疫情过后，各种基于线上服务的无接触商业纷纷走进了我们的生活。各行各业从不同程度上，将线下业务与线上服务相结合，打造出"无接触"这一新模式，例如，传统金融业、娱乐业等行业。

对各行各业来说，2020年注定要在更多焦虑与迷茫中寻找机遇。尽管由疫情导致的"闭户""封城"对我国经济造成了一定的冲击，但也从某种程度上推动了一些行业的联合与竞争，为"无接触商业"的繁荣与发展提供了生长的土壤。

第六章 无接触+各行各业：未来皆可"无接触"

第一节 无接触娱乐：增加体感互动的在线娱乐

一、什么是无接触娱乐？

疫情除了对旅游业、餐饮业的影响巨大，对娱乐产业的影响也不容忽视。娱乐产业的衰退也是前所未有的。据《经济日报》报道，截止到2020年4月15日，已有5328家影视公司吊销或者注销，这个数量是2019年全年吊销注销数量的1.78倍，娱乐行业所受到的冲击不言而喻。

2020年1月22日，大麦网宣布因为受疫情影响，原定的明星演唱会全部延期。上海、北京等地多家剧院、艺术馆也纷纷宣布取消春节期间的演出并闭馆。疫情暴发至今，足不出户的我们可以想象得出娱乐商户店面是多么冷清。

线下的娱乐产业虽然停摆，但科学技术的发展实现了娱乐生活的多样性，满足了人们的不同需求。无接触式的娱乐生活模式陆续上线，例如，视频直播、线上K歌、云音乐、云看展、线上直播演唱会等等。

概括地说，无接触娱乐主要有以下特点及优势：

1. 体验感

只要通过在线网络，就能对屏操控内场景、游戏、内容等娱乐，让观众有全新的科技娱乐新体验。

2. 科技感

超强的科技感颠覆了传统娱乐模式，让传统娱乐场所变身为高级科技娱乐馆，增强了娱乐场所的影响力和吸引力。

3. 参与感

多个最终用户可以在单一系统的软件上使用，融入式渗透影响能够和地面影响实时动态结合，随着观众的参与同步变化。

4. 互动性强

能让参观者印象深刻，提升体验感和个人品牌的知名度。

5. 通用易用性

互动内容可根据不同的客户需求、应用场合更新新的内容，增加了娱乐的趣味性。

最让人欣慰的是，今年的严冬虽寒，大家却没有人人自危，而是齐心协力共赴难关。也许这场战役要比我们想象中更艰难，但娱乐行业也会比我们想象得坚强，不仅仅是娱乐行业，各行各业皆在一起迎接黎明前的暖阳。

二、一切皆可"云"

其实，人们每天都在开展无接触式的新生活，网课上老师和学生斗智斗勇，远程办公中各种视频会议无缝对接，疫情下我们发现了无接触式的"云上娱乐"新场景。云购物能够VR看房、直播卖车，线上完成交易；云蹦迪把酒吧、音乐会都搬到线上，带着耳麦就能扭起来；云旅游更是别出心裁，线上畅游博物馆的知识海洋。原来，无接触的新业态已经将我们引入了一个"一切皆可云"的时代。

1. 云看展

疫情下博物馆开启了线上直播。直播现场大多在甘肃、西安、北京等地区，让很多人欣赏到了博物馆里美轮美奂的展品。线上看展为五湖四海的展览爱好者提供了极大的便利，增加了不同的体验。直播形式中"镜头"这个硬件设备可以让观众近距离地欣赏文物的细节，是消费者在线下看展时被挡在安全线外，无法体验到的。

2. 云蹦迪

在疫情影响下，很多人宅在家里活动，由此"云蹦迪"出现了。所谓云蹦迪就是通过直播，观众可以在平台实时观看夜店的场景，进行唱歌等活动。云蹦迪在快手、抖音、B站迅速掀起了一场热潮，在吸引很多年轻人并满足他们需求的同时，也让不少企业挽回了损失。

3. 云相亲

疫情期间不能走亲访友，好不容易说服孩子参加的相亲活动也不得不取消，充满智慧的红娘们想出了"云相亲"这个办法，正是父母口中所说的"见不到面先加个微信聊聊"。疫情让人们的闲暇时间一下子多了起来，加个好友互相尝试了解一下，也是一个消磨时间的好办法，如果投机投缘，还能进一步发展。

4. 云卖房

恒大为了让购房者方便购房，全方位启动"网上购房"。"恒房通"平台提供一站式购房服务，包括VR看房、网上选房、网上认购等，覆盖全国所有在售楼盘。只要在恒房通平台缴纳5000元定金并签署《商品房网上认购书》就可以预定房源。据恒大官方数据显示，从2020年2月

13日到15日,仅仅三天时间通过恒房通平台认购的房子就达到了47500套,总价值580亿元,全国600多个楼盘均有认购。

5. 云读书

疫情下的书店都选择主动或者被动暂停营业,即使有些书店没关门却也没有顾客。2020年2月15日,苏州慢书房的公众号上发布了一篇《想弄死我,没那么容易》的硬核文章。鹿茸哥作为书店创始人调侃自己被逼成了抖音主播,开设"羊毛说话"音频节目。他说以前从未想过做这些事情,但为了慢书房能够继续经营下去,且活得更有活力,就暂时做起了"网红主播"。

6. 云监工

当疫情的严重程度大大超出武汉所能承载的医疗能力时,政府决定十几天内昼夜不歇建成两座临时医院用来收治病人,并对施工进度进行全网云直播,邀请全国人民"云监工"。直播当天就有3000万观众,网友还为施工中的挖掘机起了有趣的名字"小红""小蓝""多尔衮"等,看起来像是在家憋坏了的网友因无聊而打发时间,但这也是一种爱国的民族情怀。

7. 云招聘

疫情使企业被迫停工,毕业生的就业更显严峻。很多公司为了减少疫情对毕业生就业产生的影响,为毕业生提供了更多高质、高匹配度的就业机会,充分利用网络平台云指导、云宣讲、云选择等方式,连续为2020届应届生提供优质的就业服务。

8. 云开庭

法庭内,法官衡永红通过微信,在线调节了一起离婚纠纷,双方当事人互相谅解,解决矛盾后通过微信转账完成了尾款交付。

三、重新挖掘娱乐业线上模式

2020年4月17日和19日，社交平台连续被两场线上演唱会刷屏。

一场是"同一个世界，团结在家（One World: Together at Home）"线上演唱会，由Lady Gaga发起，聚集全球顶级巨星，是音乐人对抗疫情的一场联合作战。

另一场是久未露面的奶茶刘若英发起"陪你"线上演唱会，2个小时的演唱会中，刘若英的歌声给了很多人力量。

如今，线上演唱会已不再新奇，快手的"云蹦迪"、B站、网易云音乐开启"硬地Live"、抖音的"DOULIVE"系列等"云现场"演唱会，再到现在无论是配置、阵容还是时长等方面都越来越接近线下演唱会水准的线上演唱会，这似乎成了音乐人复工的新方式。

2020年4月17日，刘若英"陪你"线上演唱会深情开场，奶茶深情演唱了自己的经典曲目《后来》，翻唱了陈奕迅《Shall we talk》等歌曲。腾讯音乐的优势资源和微博的强势宣传联合发力，整场演唱会的效果气势如虹，2个小时的直播期间观看高峰值达到2735万。在疫情下不能相见的日子里，还能听到奶茶暖心的歌曲，众博友互动说：仿佛闻到了青春的味道。"后来""刘若英演唱会太好哭了"等5个话题也迅速登上微博热搜，累积阅读量高达7.23亿。

这场具有里程碑意义的演唱会，为经纪公司、歌手、媒体平台、演出机构等行业提供了线上"复工"的新思路。

微博深入整合开机、热搜、热点视窗等强势资源，同时直播客户端PUSH和微博精准触达，从点到面最大力度助力演唱会宣传，让演唱会具有更广泛的影响力。

随着时代的进步，粉丝的消费方式也在逐渐升级，除了传统线下的演唱会、歌友会外，明星艺人也在寻求新的模式和粉丝互动。微博是一个粉丝群体最多、聚合全网明星最多、领域KOL最多、兴趣用户最广泛的社交媒体平台，它是明星演唱会最天然的流量沃土。微博在近些年不断拓展合作路径，与各大平台进行合作大大提升了微博在娱乐行业的影响力。

如今，疫情防控仍处在关键时期，短期内无法举行动辄几万人的线下演唱会或聚集活动，所以明星为了完成和歌迷的演唱会约定，线上演唱会成了巩固人气、履行约定最重要的途径。互联网发展迅速的当下，线上演唱会模式已探索许久，从早期的乐视音乐，到腾讯视频"Live Music"，再到如今各大视频平台，粉丝、平台和音乐人之间的联动运营问题被逐渐精细化解决。可以想见，会有越来越多的音乐人加入到线上演唱会的行列，为网友带来全新的听视觉体验。

四、从云端娱乐看数字文化的未来

2020年，全民开启"宅家"模式，线上娱乐多点开花，《囧妈》《肥龙过江》从免费或由平台买单，到点映付费、观众买单，疫情的蔓延推动了电影模式的升级，各个平台的日活动量和下载量均有增长。

据直播方面的数据统计显示，2020年1月20日至1月31日，快手在疫情期间的直播观看人次累积超过10亿人，政务机构发布会播放量高达250亿次。1月31日快手同步直播《新闻联播》，累计观看人数超2000万。央视频App通过直播雷神山、火神山医院走进大众视野。据游戏方面数据显示，《王者荣耀》在除夕夜的流水就超过20亿，一天的时间就超过了前两年整个春节档的手游数据，日均下载量在12万~15万左右。除此之外,《梦幻西游》和《阴阳师》等手游均创造了流水高峰,《阴阳师》在iOS畅销榜稳坐前三。

除了大受欢迎的热门游戏外,小程序游戏和棋牌类游戏的关注度也大大提高。一些头部棋牌游戏下载量峰值到了200%以上。相较疫情发生前,小程序微信搜索指数增长了133%。据数据统计,一些头部游戏的流水有50%的上涨,在2020年1~2月份之间有30%~50%的上涨空间,对2020年的全年业绩增长起到了不可估量的作用。

目前看来游戏产业繁花似锦、前途无量,但仍然有很多问题和难题要引起公司的思考和关注。

以游戏为例,将时间回拨到两年前,整个行业还处在"雪后严寒""竞争激烈""盗版遍地""公司倒闭"等行业寒冬期,从2018年开始,游戏行业就在"寒风凛冽"中艰难求生。这种情况一直持续到疫情前。随着疫情的到来,游戏行业终于脱去寒冷的外衣迎来暖阳,其实光鲜亮丽的数据并不能代表未来,也许这只是特殊情况下的"虚假"增长。随着医护人员的努力,国家的强力政策,疫情终究会过去,玩家们也总会回到各自的工作学习中。如果游戏产品设计和市场没有实质性的改变,这种短暂的风光终究会化成泡影。

在整个行业趋势上涨的同时,仍有明显的下滑产品。各榜单TOP10至TOP60的游戏数据显示日活跃量和流水都有一定的增长,但TOP60之后的游戏增长就不再明显,甚至有些游戏数据下滑比较严重。因此,关键还是在于产品本身,疫情会影响一些公司复工导致研发、运营困难,但仍要有强力的产品抓住用户才能保证公司的生存。

娱乐行业和游戏产业都有着相似的隐患,目前的虚假繁荣掩盖了隐患本身,"互联网比拼"的下半场仍旧处在激烈的竞争状态。

究其根本，娱乐企业的本质也是数字化产品。据《中国数字文化产业发展趋势研究报告》数据显示，预计到2020年我国数字化产品规模总值将达到8万亿。从发扬传统文化到成为疫情期间民众的精神力量支撑，数字化文化的影响力不止于"娱乐"产业。线上娱乐不是单纯的"娱乐"，而是文化的载体，是人文与技术相融合的产物。

数字文化的发展为软实力提升提供了强有力的支撑，疫情的突发也凸显了大众对于这个领域的强烈需求和认可。未来会诞生越来越多的优质产品，整个行业才会蒸蒸日上。与线上娱乐相关的企业也会持续输出更多的社会价值，树立国家文化形象，为建设文化强国发光发热。

第二节　无接触金融：数字货币的春天

一、什么是无接触金融？

受到新冠病毒肺炎疫情影响，在金融行业中，线上金融、无接触金融在金融科技的带动下已然成为焦点。金融行业和其他行业一样，都处于线上发展的"澎湃期"。在特殊时期，无接触金融服务可以有效地防止病毒传播问题，而且在疫情结束后，该模式的服务可以帮助银行降本增效。

疫情期间，为了让经济平稳的运行，银行业在金融科技的赋能下利用大数据、互联网、人工智能等技术，丰富了金融支持方式，对疫情期间线上普惠金融供给和服务提供了充足的保障。目前的疫情形势，也给未来银行金融科技发展带来新的启示，如何与时俱进、抓住机会，达到自身业务的智能化、线上化、远程化是所有银行业机构需要深入思考的问题。

1. 在线金融服务

首先是"在线服务"加速引爆导致流量"迁移"。这次疫情影响了线下消费的需求,却刺激了线上消费需求,这是流量从"线下"向"线上"迁移的绝佳机会。线上教育、线上金融、线上办公、线上娱乐等这些低成本的商业模式迎来了新商机。

例如,平安银行推出的"在家办"仅用了两天时间,通过平安口袋银行App,客户可以直接在家完成开户、转账、还款、投资、理财、购物、缴费、充值等多项便捷、高效的金融服务。

2. 加速填平"数字鸿沟"

其次是"数字鸿沟"加速填平导致流量"下沉"。根据QuestMobile的监测数据显示,疫情发生之后,中国网民互联网使用时间由50亿小时直接上升到60亿小时。我国互联网市场空前扩大,农村网络服务需求日益增加,进而成为金融机构发展"零接触"银行的客户支撑。针对"备春耕"的需求,亿联银行决定在疫情期间将线上业务下沉至农户,让农户在家就可以获得线上农贷业务,得到信贷支持。

3. 加速布局"金融场景"

最后是"场景金融"加速布局导致流量"渗透"。如电商平台的账务处理需求、网络购物的消费贷需求、医疗物资生产企业的信贷需求等都增加了新的应用场景。当传统银行门店网点优势被忽视,线上客户又单一,就要将服务敏锐地嵌入客户的工作、生活、学习等场景中去,提高服务融合性与渗透性,打造"线上+线下"新场景发展金融行业的契机。

银行在这次疫情的影响下,危机并存,银行的客户多数由"上门"转为"上网",这也为互联网金融提供了新机遇。但"零接触"并不是

"零服务"，客户可以根据App、小程序和微信客户端等了解自己所需的同质化的产品和功能。银行同时可以通过运营能力，从互联网运营的角度，把客户吸引并转化过来，再进行有效触达、识别、交互和反馈，进而达到客户关系和业务转化的平衡。

伴随着金融科技的进步，产品层面的差距随之变小，科技赋能的互联网运营能力决定着银行数字化转型的竞争力。疫情将开放的外部市场"隔离"到了银行面前，能否运用运营能力在一片红海中找出蓝海，既存在挑战，又充满希望。

二、无接触服务成为银行业转型新布局

在新的"无接触"业态下，在银行的业务层面，金融科技赋能必会使其更具竞争力。打造"无接触"银行，推动银行数字化转型，并不是一举而全攻的事情，需要有计划地进行。根据互联网银行战略管理的实践经验，我们可以从系统化角度分析，总结出五点"无接触"银行建设所面临的问题。

1. 战略层面的顶层设计

银行如果走向线上化发展道路就要面临着开发成本、人员成本、硬件成本、时间成本等巨大的成本付出，并且这些付出在短时间内得不到任何回报。打造"零接触"银行的第一步是确定是否要走线上发展道路。银行可以根据自身的特色产品、业务的特点和客群分布来进一步设计，而不是一味地随波逐流。

2. 不是所有业务都适合"云端"

值得注意的是，并不是所有的业务都适合"云端"，如果疫情结束之后，线上业务达不到预期，那么损失不可估量。就目前国内形势分

析，在战略层面打造"零接触"银行通常有两种模式：一种是传统银行赋能强大的科技实力完成数字化转型；另一种是一些民营银行，在成立之初就确定了数字银行或者互联网银行的发展战略，例如，网商银行（主要股东阿里）、微众银行（主要股东腾讯）、亿联银行（主要股东美团）和新网银行（主要股东小米）。

3. 用户思维

如果确定将"零接触"银行作为发展战略，那么最重要的是先建立用户思维。从用户角度出发，对其需求深入了解并分析，制定出产品组合或者定制产品序列，与此同时建立双向驱动机制用于与用户直连互动。

例如，对大家最为关注的疫情新闻，利用这一点就可以将关于疫情的线上问诊、地图查询、数据动态等相关信息加入银行应用，毫无疑问会增加客户的关注度。如果想进一步拉近用户与银行的距离，可以针对客户的风险等级推出相应的金融教育；针对防疫物资企业推动线上供应链贷款等便民服务、理财服务和线上金融教育等附加服务。

4. 用户体验

从用户接触到银行线上服务的第一刻开始，无论是客服和售后服务、办理流程、服务的响应速度，还是按钮的设计、界面的配色等元素都会影响用户的体验。在维持后台系统的可靠与高效性方面，金融科技也起到了重要的支撑作用。

5. 产品导向

根据自身情况将适合线上发展的产品进行升级，除了满足客户基本需求之外的转账、贷款、理财等服务，智能投顾、生活类服务等增值服务也成为了银行线上业务的标配。这样通过高频使用的功能丰富低频的产品线都是为了增加客户的粘性，最终实现"高频"打通"低频"的效果。

打造"无接触"银行的第一驱动力就是金融科技，目前银行面临的重大考验就是，是否可以利用新兴技术来达到降本增效的效果，这也是核心竞争力之根本。

三、金融新名片：央行发行法定数字货币

DCEP（Digital Currency Electronic Payment）是中国版数字货币项目，即数字货币和电子支付工具，是数字货币（DIGICCY）的一种。DCEP的完整字面意思就是数字货币电子支付。电子支付本身也有数字货币属性。

DC指的是数字货币，与人民币1:1锚定，EP指的是电子支付。这款数字货币同时具有法币和支付功能，用于替代大家口袋中的现金。尽管看似微小，但是DCEP有着重要作用，未来很可能会成为代替微信与支付宝的付款方式。

那么，DCEP这一新事物会为我国未来的新金融领域带来哪些变革呢？

1. 指尖上的支付

普华永道曾报告指出，2019年中国移动支付居全球第一，达到全世界平均水平的三倍之多，渗透率高达86%。想一想，你多久没有用现金了，无现金已经渗透进我们各个生活场景。现在，我们用一部手机就可以解决吃饭、购物、出行等等一切付费问题。

在未来，一个DCEP钱包就可以代替支付宝、微信支付、银联云闪付等第三方支付平台的小额手续费。举个简单的例子，你有两张银行

卡，余额分别为400元和200元，当你关联DCEP钱包之后，余额就显示变为600元。当你需要支付500元花费的时候，无需两个卡之间转账，你只要设置了银行卡消费优先等级，DCEP钱包直接帮你搞定。

2. 对银行业、第三方支付平台的冲击

我们是否可以用DCEP钱包代替微信支付、支付宝、银联等App？

先说两个小概率事件，如果把钱放在商业银行中，然后银行倒闭，用户最多保障拿回50万元以内的存款；如果把钱存放在支付宝、微信支付账户中，一旦平台破产了，用户有保障拿回钱吗？但是央行不存在倒闭的可能性，所以把钱放在DCEP钱包中是最安全可靠的。第三方平台未来可能是大数据中心或者由用户流量转型为线上入口。从长远考虑，DCEP实时反映了国内的经济趋势，规避了金融风险，央行可以精准地制定出货币政策，而商业银行的媒介职能可能会被大幅削弱。

3. 假钞？不存在的！

当今社会，依然存在被盗刷信用卡的风险、微信截图的造假、收到假钞后的叹息。而DCEP是否可能出现假钞？DCEP起源于央行，由于区块链系统的可溯源性，每一笔帐都能记得清清楚楚，给伪造带来了极高的难度。

那么，DCEP是否可能被盗刷信用卡？由于银行业金融机构的安全等级要求极高，所以，由央行发行的DCEP安全等级是十分让人放心的，不会出现盗刷情况。

第三节　无接触办公：在家开会、考勤，实现无边界办公

一、什么是无接触办公

疫情期间，开会组织工作、部署协同效率等问题，在很大程度上影响着企业的业务情况和决策走向，而企业内部是否能够高效运转直接影响着公司的经营情况。在这样的背景下，无接触办公应运而生。

2020年2月29日，我国工信部发布了《运用新一代信息技术支撑服务疫情防控和复工复产工作的通知》，提出运用如居家、远程办公、网上培训、视频会议、电子商务和协同研发等新技术作为支撑，用这种在线工作的方式服务疫情防控，帮助企业复产复工。

由此看来，运用互联网和新技术，保持"无接触式"办公是保证经济、对抗疫情的重要举措，同时也会带动未来办公方式的变革。

所谓无接触办公，主要是依托物联网、互联网、云计算等技术，再通过第三方软件、网站、插件等工具，实现远程办公，如异地办公、移

动办公、居家办公等模式，这就是远程办公或无边界办公。无接触办公同集体办公的传统模式相比优势巨大，如办公效率高、员工流失率低、运营成本降低、容易形成新型互动关系。

从全球范围来看，无接触办公的应用场景和产品类型主要有以下几种：

综合实力较强的大型互联网科技企业提供综合协作产品的技术支持；

云视频会议产品主要由新兴的中大型云视频会议软件厂商、传统硬件视频设备厂头部企业和创业公司提供；

任务管理、文档协作产品主要由部分上市公司和以创业为主的公司提供；

云存储产品主要由创业公司和大型企业提供，其他的单一功能会镶嵌在前几类产品中。

对于采用无接触办公的企业来说，首先要快速了解远程办公产品的核心优势和基础功能，才能在众多远程产品中找到适合自己公司发展的产品。高效的无接触办公办公模式会给用户办公理念与习惯带来颠覆性的变化，让更多企业聚焦在线办公软件的发展。不过，远程办公软件的厂商还要加强自身技术的提升和功能的开发，能够对不同行业的适配问题提出正确的改进策略，加速实体零售业的变革。

二、钉钉：助力企业无接触复工

钉钉（DingTalk）是由阿里巴巴集团开发的智能移动办公平台，免费提供给中国的所有企业、学校，主要用于工作协同、商务沟通等。据阿里巴巴团队收集的数据显示，在远程办公的第一天，就有超1000万家企业使用钉钉在线办公,总人数超过2亿,为此钉钉技术团队紧急扩容10万台服务器来支持无接触办公的顺利开展。

钉钉经过了多次的更新和迭代,更在疫情期间推出了针对大中小学的"在线课堂",免费开放"连麦功能"和"互助教学",钉钉也因此成为目前办公软件行业中的领头羊。钉钉除了自己本身的功能外,还通过阿里旗下的其他产品做数据连接,优化用户体验。例如,用户在天猫或者淘宝购买商品,在钉钉也可以查到实时物流更新,这就节省了用户在此登陆天猫或者淘宝的步骤和时间。

在疫情暴发之前,钉钉主要用来解决企业办公四大方面的问题:

1. "人"

通过"钉钉数字化名片"实现在线数字化管理人脉。其最大的特点是交换100人甚至1000人的名片只需3秒钟。

2. "财"

钉钉和支付宝联合打造"数字化企业支付",让企业数字化报销流程落地,简化报销程序的同时大大提高了财务的工作效率。

3. "物"

钉钉的"理想办公室",让智能办公硬件提升为软硬件一体的数字化解决方案。对场景进行了数字化改造,实现大数据秒传和一键联网等功能顺利运转。

4. "事"

钉钉推出"数字化智能客服中心"和"钉钉智能文档"。钉钉同金山办公合作,为WPS和Office文档提供在线编辑处理功能。它的智能协同体现在任务协同、表格关注、语义分析等功能。

而在特殊时期,阿里凭借强大的运营能力和技术能力,紧急上线了一些特殊功能。例如，全疫情模板、疫情日志与置顶公告，确保重要疫情公开透明；每日报平安，快速收集整理个人健康信息；疫情敏感信息可见范围，保护个人隐私；疫情信息异常预警等。

根据钉钉发布的最新版本，其主要功能如表6-1所示：

表6-1　钉钉的主要功能一览

功能	描述
聊天 IM	"已读"和"未读"便于用户了解信息阅读状态，大大提高沟通效率
	澡堂模式截屏无用，头像打码，消息无法转发或复制，阅后即焚
	企业群实名制关联通讯录，确保企业内部沟通信息安全
DING	有史以来最高效最快速的消息传达，注重消息的时效性，有求必应
电话会议	操作灵活的会议版面，随时掌握会议纪要、全员静音、增减人员等需要
	企业每月可获赠最高10万分钟，是业内认证赠送最高时长，节省成本提升效率
	电话会议音质高，最多支持16人在线，可一键快速发起
工作	帮助企业落地移动化办公，抛开纸质办公
	工作日志或汇报及时发送，手机直接查看报表，告别人肉统计
	公告显示随时发送企业重要信息，已读、未读一清二楚
	管理日历掌握团队签到、请假和工作日报等状态，掌控全局
	签到记录工作轨迹，展示你的努力
钉邮 C-mail	一目了然邮件已读未读状态，提高工作效率
	通过邮件DING默认提醒未读邮件的人
	聊天穿透以卡片形式发送邮件，不用担心浪费时间找不到邮件
	加强重要邮件提醒，可手动默认老板发来的邮件为重要邮件
钉盘 C-space	便捷分享和邮件、聊天打通，可直接从钉盘发送到聊天或发送附件
	安全无忧，多种权限设置满足不同的办公场景，企业文件只有同事能看
	电脑端和多个手机端实时同步，满足移动办公需求

尽管钉钉优势众多，但也有需要进一步改善和提升的地方，例如，很多功能的叠加容易引起功能拥挤导致页面过于复杂。在钉钉页面中，有很多细小的功能，让产品看起来稍显复杂。而从功能上来说，尽管功能齐全但需要进步一优化各功能的触达速度。

二、飞书：一站式企业协作平台

飞书是一站式企业沟通与协作平台，是字节跳动旗下的办公套件产品，保障了字节跳动全球5万人的远程协作。字节跳动在2016年尝试多款办公产品后自主研究办公套件"飞书"，经过公司内部试用和改造打磨，于2019年正式在国内亮相，详见图6-1所示。

2016	2017.7	2017.11	2018.10	2019.1	2019.7	2020.2
飞书研发	飞书1.0 √即时通讯 √群名片 √快捷回复	字节跳动全面使用	飞书产研团队超过500人	飞书2.0 √语音通话 √会议群聊 √Docs、Sheet √日历	飞书3.0 √即时通讯 √音视频会议 √智能日历 √在线云空间协作	飞书3.0 √上线线上办公室功能 √音视频容量升级，最高支持百万人直播

图6-1 飞书的发展轨迹

总体来看，飞书是多功能整合的效率工具与创新型办公套件，其最大的特点是All-in-one，即深度整合在线协作、智能日历、云盘、音视频会议、及时通讯等多功能于一身，平台有很强的兼容性，可支持多个企业的个性化系统，安全管理机制能够妥善保证企业信息安全，其主要功能如表6-2所示。

表6-2 飞书的主要功能一览

功能	描述
即时通讯	支持单条信息回复和快捷表情，减少对他人的干扰
	新入群成员可查看所有历史信息，降低沟通成本，迅速融入项目和团队
	消息记录在存储至云端时自动同步到所有设备
音视频会议	日历、及时通讯与音视频会议深度整合，在会议邀约或群聊中邀请团队成员进入
	支持一键发起百万人会议直播，可分享直播连接，电脑端和手机端加入便捷
	单个视频会议支持共享面屏幕与互动、在共享屏幕界面实时编辑文档、100方稳定接入、云端录制等功能
智能日历	依托会议视图，同时查看多个会议安排，合理规划会议
	订阅同事日历查看对方的工作状态，合理高效制定日程、安排会议
在线云空间协作	在文档中可插入表格、文件、视频、任务列表、Markdown、文本、图片等多类型内容
	云空间汇集电子表格、思维笔记、文档等多种在线工具，支持多人实施协同同事、编辑、评论等丰富的互动功能

飞书定位于服务追求协作效率，所有产品的细节打磨与功能都以"效率"为出发点，帮助企业降低人力、沟通等成本，提高企业内部的协同和沟通效率。飞书的客户范围很广，已覆盖建筑地产、企业服务、教育、媒体、科技互联网、信息技术、制造等多个领域。它的代表客户有中国移动、北京市知识产权局、少数派、人瑞集团等。

尽管飞书好评诸多，但作为成长中的综合协作产品，从功能数量分析，同企业微信和钉钉相比还有很大的上升空间。

三、企业微信：智能移动办公平台

企业微信是由微信团队为企业专门打造的专业办公管理工具。丰富

第六章 无接触+各行各业：未来皆可"无接触"

且免费的OA应用，与微信一致的沟通体验，并且和微信小程序、微信支付消息互通，帮助企业提高办公和管理效率。企业微信是目前最受欢迎的远程办公软件之一，除企业外还有很多学校、政府机构也使用企业微信作为办公软件。

与钉钉相比，企业微信除了能够支持企业远程办公，还可以与微信互通，在实现企业内部办公的同时能够开展业务、客户服务。因此，企业微信不仅是企业应对疫情的"救命丸"，也是很多企业与客户沟通的重要平台。其主要功能如表6-3所示：

表6-3 企业的主要功能一览

功能	描述
300人在线会议	不需要直接面对面接触就能够通过高质量的视频、音频在线开会，减少了交叉感染的风险。为支持企业复工，响应防控疫情政策，将会议人数提至300人，帮助远程办公企业顺利复工
在群聊中可发起群直播	在群聊中可以发起直播，无需见面也可以和客户同时进行直播传达消息，完成在线培训，减少线下聚集，有效阻止疫情传播
线上开工红包	开通企业支付，免费试用"向员工发红包"应用，自定义发者和消息内容，让员工感受企业文化与温暖
与同事高效协作	远程办公可以在电脑或手机上与同事实时沟通，高效处理工作问题。可以和同事共同编辑也可个人创作沉淀协作工作内容。文件修改实时同步，统一存盘，让同事之间文件共享更便捷
连接微信功能	在门店工作的一线销售人员可以在线上联系客户，利用100人的客户群及朋友圈功能，实时联系客户，服务于客户

企业微信的不足之处在于部分功能不够完善，还需要进一步升级。例如远程会议功能。但整体来看企业微信还是优势大于劣势，它简单易懂，容易操作。同时企业微信能够与个人微信互通，借助微信巨大的流

量来源，企业微信更容易获取用户。

　　一场危机让更多普通人体验到了"无接触商业"安全、便捷的甜头。未来，一波势头更猛的"无接触经济"正加速走来，同时，无接触与各行各业的相互融合、渗透、连结会更加紧密，并助力各行各业实现转型。

新 商业思路

无接触模式开启数字办公实践

　　随着人们对智慧办公程序等数字服务的需求不断增加，数字技术会加速无接触办公模式转型落地。

　　2020年11月9日，北京字节跳动科技有限公司搬入了新的办公大楼——方恒时尚中心。但这并不是什么总部搬迁，因为字节跳动"没有总部大楼"。方恒时尚中心只是字节跳动在北京的办公点之一，而类似这样的办公点在北京还有38个。很多人不解，字节跳动为什么不像腾讯、百度那样，将所有员工汇聚到一个总部大楼里。原因有两个，第一，该公司发展迅猛，员工增长的速度远远快过办公楼扩张的速度。国内外，字节跳动的人才遍布哪里，他们的办公地点就设置在哪里。尽管办公楼看似分散，但员工的沟通效率和工作效率却未降低。即便在新冠肺炎疫情期间，也有数万名员工长期居家办公，有业内人士评价，字节跳动是一家"生活在互联网上的互联网公司"，从传统企业的"蜘蛛型组织"进化成为"海星型组织"，这种去中心化的组织几乎通过互联网就实现了全方位管理，其中就包括办公，他们研发出了"飞书"，据字节跳动的员工描述，如今公司90%的会议都是在飞书上完成。A员工与B员工很可能就在同一座城市相距不远的办公楼里工作，但也许他们一年也见不上几面。数字化的办公实践在字节跳动公司体现得淋漓尽致，也为其他企业在办公模式的创新上提供了新的思路。

就目前我国大部分企业的办公现状而言，若要完全实现"无接触办公"仍存在一些现实问题：

1. 硬件设施滞后

硬件设施类的客观条件会影响无接触办公的质量。音视频采集与传输故障、网络信号差等问题都会影响无接触办公效率。随着用户的增多，网络宽带和云计算能力压力巨大，是否能够满足用户需求。无接触办公代表着员工不能随时相互沟通，部分书面文件的签收还要去办公室盖章，这是在家里无法及时完成的。

2. 不是所有行业都适合无接触办公

实际上，不是所有行业都适合无接触办公模式。例如，咨询公司有很多业务需要面对面沟通商量，无接触办公不能满足此类需求。餐饮、酒店、建筑、制造等行业需要特定的工作场景，居家办公同样很难完成。

3. 工作和生活边界模糊

无接触办公需要我们有很强的自我管理意识，因为工作和个人生活界限变得相对模糊，缺乏工作氛围，影响员工的主动性和积极性。居家工作也容易产生一些心理问题或社交恐惧。

4. 企业和个人信息安全隐患

无接触办公会让个人隐私和企业信息存在更多安全隐患。美国视频会议软件Zoom曾被曝光存在巨大安全漏洞。美国新闻网报道称，有些雇主在员工电脑里安装追踪软件，有些程序会在员工不知情的情况下随机记录员工的每一次按键，能够查看员工在会议时的状态。这种忽视员工隐私的行为会触及法律界限，导致员工与企业之间出现裂痕。

对于那些网络覆盖率较低的国家，无接触办公会很难落地普及，对于从未居家办公的人来讲，这种新型办公模式会对自己的工作和生活产生颠覆性的影响。疫情发展加速了全球经济向数字化过渡，但由于不同过家和地区的数字化发展程度不同，就有可能形成两极分化，在数字化技术强的地方越来越强，数字技术落后的地方将更加落伍。

要想无接触办公能够可持续发展，企业要发挥其能动作用。例如，为员工提供无接触工作的电子设备，定期线上视频、互动、开会，帮助员工找到归属感。对于能够提供无接触服务的供应商来讲，他们应该思考疫情过后如何将用户留下，在优化产品的同时找到新的利润点，把这种爆发式的红利转化为能够可持续发展的动力，才能更好地促进企业发展。

第七章

数字化转型助力企业重启增长

无 接 触 商 业

2020年是特殊的一年，也是充满转折的一年。

疫情就像是一次测试，是对现代商业社会的极端压力考试，除去公共卫生应对能力之外，隐藏在数字化变革洪流之下的命题也悄悄地浮出了水面：

在几个月内都无法随意出门的情况下，消费者会发生什么改变？

线上经营面对的诸多挑战是什么？

我们现在的数字化能力是否足以应对所发生的问题？

哪些线下场景是无法取代的？

目前，疫情防控逐渐从紧张状态走向日常化，原本的线下经营状态逐渐改变，已经在快车轨道上的数字化来到了分岔口：在企业数字化转型的复杂情况下，线上与线下经营应究竟以什么关系进行，企业数字化的长期发展又将如何？

要弄清楚这些问题，就要从了解数字化商业开始。

第一节 什么是企业的数字化转型

一、什么是数字化转型？

数字化，是指将任何连续变化的输入如图画的线条或声音信号转化为一串分离的单元，在计算机中用0和1表示（通常用模数转换器执行这个转换）。而数字化转型则是指建立在数字化转换、数字化升级基础上，进一步触及公司核心业务，以新建一种商业模式为目标的高层次转型。数字化转型是为了建立一个富有活力的数字化商业模式，这需要数字化技术及能力的大力支持。

数字化不是技术思维，而是商业思维，并且是基于商业战略的创新思维。数字化商业不只是基本业务与数字技术的深度融合，更是企业商业模式的重构。

企业要实现数字化转型，需要对业务进行彻底的、系统性的重新定义。

基于上述概念，数字化商业模式的优势是省去了中间商、降低了费用、实现合理配送，这是因为数字化商业把现有服务或产品转化成了一个数字体。通俗地说，就是实现商务自动化。这与数字化生产，利用数控技术实现精准的自动化生产是一个道理。

例如，在线教学、在线电影等，用户支付较少的费用就可以在线观看。同其他商业模式相比，数字化模式凝聚了近几十年的主流技术，体现了我国社会经济的进步和发展。再例如，2020年疫情期间，在线教学模式被广泛推广，只要通过网络在线考试就可以获得所需要的认证，这为偏远地区的人们提供了很多帮助，也为工作繁忙的人们提供了另一种学习机会。数字化模式的商业前景非常可观，尤其是互联网企业与数字化紧密相连，适用范围也会越来越广。

总之，数字化商业的目的是要形成一个创意产品百花齐放、自由生长的自动化商业新生态，而这种新生态对于无接触商业本身起到了一定的推动作用。

二、数字商业，带来了什么？

数字生活正在飞速发展，激发了新的服务，催生了新的消费。

1. 新服务带来了服务业的数字化升级

2020年的五一假期，无接触旅游大展拳脚。据国家统计局的数据统计，五一期间全国有1000多家景区与线上平台合作，正式升级为数字景区，让客户享受全程数字化的无接触旅游服务。

例如，千岛湖景区通过小程序和健康码，游客可分时分批次预约、扫码购票、绿码入园、手机点餐、无接触购物、自助入住，每一步都完全实现了真正的无接触。同时，千岛湖发放了5万份电子旅游消费券，无接触旅游不仅仅是疫情下的缓兵之计，更是顺应时代发展自然而然的结果，更多景区开启了数字化升级模式。

2. 新服务带来了新消费

同大型企业和高级景区不同，码商（用二维码做生意的线下小微经营者）经营的小店、摊位，就好比城市中的毛细血管，虽然微小却无处不在、生生不息。

正如在抖音上被刷屏的那个歌颂小店的创作：小店是人间的烟火，充满人情味，是中国的生机。小摊的吆喝是对生活的赞歌与热爱。

在灾难面前，小店有着自己的责任和担当。疫情下，很多小店主也是最美逆行者，为社区居民提供便利的生活必需品，成为暗夜里的星光。

据北大数字金融中心最新研究成果提供的数据显示，目前中国的个体经营户近1亿个，而每个个体经营可带动2.37人就业，中国整个个体经济就会解决约2.3亿人的就业问题，就业人数占全国总就业人数的28.8%。

在我国，个体经济的特点是体量小，基数却很大，对生意充满热情，受困于不知如何摆脱小农经济的束缚。为了改善这种被钳制的状况，支付宝从2020年3月开启了助力码商数字化转型方案。

在2020年7月30日支付宝推出的合作伙伴大会·夏季峰会上，向大众展示了成果：

第一，在消费券层出不穷的当下，支付宝不但精准地扶持了路边摊、路边店等小微商家，还针对小店经营特别引入数字化工具，小店也拥有了数字化的发券能力。得益于五一小长假和消费券的刺激，据统计已有800万家小店收入赶超去年同期，实现了完美逆袭。

第二，在"7.17"狂欢节中，支付宝首次向小商家开放平台最大促销的中心化流量。报名参加"7.17"活动的商家超过1000万，为其数字化门店私域引流用户高达10亿。

支付宝最有发言权，其全球活跃用户已高达12亿，国内实名制会员人数超过9亿，具有亿级中心化流量能力。因此，在未来3年内，支付宝会携手5万服务商帮助线下4000万商家实现门店数字化升级。这4000万商家中不仅有码商，还有肯德基这样的快餐大鳄。肯德基在2015年与支付宝移动支付合作后，其数字生态就开始蓬勃发展。"6元早餐"人流如潮，加上"周二会员日""疯狂星期四"和优惠券服务，销售额大幅度增长，这种线上线下联动营销，在支付宝的加持下起势迅猛。

以前商家想要获得客户，无非是拥有良好的地理位置或者靠线上流量。如今，在数字化的商业背景下，我们看到一个全新的经营模式。尤其随着支付宝、微信等第三方支付平台的不断升级，从一个最基础的支付工具发展成全球最大的数字生活开放平台，让我们进入商业支付2.0时代。

可以说，没有移动支付作为商业闭环，很多移动互联网的商业模式都难以收口。如今的支付早已不再是简单的结账行为。随着数字化的普及，每个用户的结账就是他离开后数字化营销与服务的开始。我们今天衡量商业状态也不能简单地用线上或线下来阐述，而是应从用户层面出发，把在店、离店、到家三者紧密结合，筑建新的数字化商业生态圈。

在未来，更多的数字化生活服务将成为最大的互联网红利会。借助数字化，人类得以完成以前办不成的事儿，解决以前解决不了的问题，走以前走不通的路。

第二节 数字化时代的十大商业力量

了解和思考未来趋势是顺应时代发展的关键所在。如今，数字化互联网发展迅速，新的商业模式不断涌现，新理念、新产品、新技术层出不穷。如果一个企业过于墨守成规，势必会被时代淘汰。就算是传统行业，也应该加强与数字商业的连接，借助数字化带来的新商业力量，不断创新，与时俱进，从而开创新的生机。

力量1：从传统服务到"云"服务

云计算的出现意味着处理海量信息的能力增强，体现了规模经济的价值，促进整个社会创新步伐加速。例如，用友集团借助云计算和移动互联网的结合，将应用、服务和客户集合成一个核心点，最大限度地集合服务资源，形成了一个全球领先、高客户价值的企业云服务平台。

力量2：从碎片化数据到大数据

与传统数据相比，大数据不是人有意识地收集数据活动，而是通过数据获取价值。同时要高速同步处理大数据，为创建新的数据奠定基础。大数据的价值在于，能在海量数据中找寻事物的发展规律和特征，以最快的速度捕捉大量有价值的信息，提高自身的竞争力。例如，微博消息、谷歌搜索等，它们要通过数据分析，在眼花缭乱的数据中找到符合用户兴趣与习惯的热点和产品，并及时优化和调整产品与服务质量。

力量3：从基于PC到移动互联网

移动互联网和PC互联网相比，用户携带更加便捷，可以确保用户的唯一身份和追踪用户位置。伴随大数据的发展，移动互联网用户规模逐渐扩大，应用场景越来越多样化，移动支付也在不断创新。

力量4：从传统零售到平台型企业

同单边市场不同，平台必须要通过多边群体互动，通过分成广告费和佣金等方式实现自我价值。从如下三方面出发，帮助企业家打造成功的平台：第一，平台要免费，因为只有免费才能带来更多尝试者，激发市场需求；第二，平台要双向开放，双向包括引入参与者和导出分享资源；第三，平台要实现用户价值，强调用户体验而不是只看顾客消费过程，平台要通过提供丰富的服务体验，提高用户满意度。

力量5：从硬件决定生产力到软件重新定义硬件

软件最开始是硬件的附加品，而随着硬件性能提高，需要相对应的软件与之匹配。在智能手机普及前，人们关注的仍旧是电池寿命、屏幕分辨率。但自从苹果手机问世，谷歌发布Android系统，人们的关注点开始转移到软件上。在软件和操作系统的相互加持下，手机由通信终端变成了可手持的智能终端。

软件的本质是固定硬件的生产能力。随着消费者需求增加，如今，软件为机器人、建筑设计、金融服务、交通、工业过程控制等几乎所有领域提供服务。随着市场逐渐进入由消费者定义的阶段，软件逐渐开始定义一切，并会进一步加速云计算、大数据和互联网的发展。

第七章 数字化转型助力企业重启增长

力量6：从供应（B）端到需求（C）端

不了解顾客需求终将会被市场淘汰。传统供应链关注点是产品供给，其模式为供应商-制造商-分销商-零售商-消费者，以顾客需求为核心的则是需求链。

例如，去哪儿网深挖用户需求。当用户渴望买到便宜机票时，去哪儿网便以此为主；当顾客热衷信息点评时，它又建立了全球最大的酒店点评系统；当自行游操心太多，团游价格疯涨时，去哪儿网又推出专属顾客的深度游。去哪儿的商业模式始终如一，变化的是需求，这是需求驱动进步的典型代表。

再举个例子，小米手机之所以成功，也得益于它最先制作出简单的MIUI系统，根据用户意见每周更新改进，当需求和用户都成熟后开始生产硬件。用产品原型做测试，因为无需修改硬件，所以MIUI的改进成本低，更新速度快，积累了较多忠实用户。

力量7：从大而全到外包产业链

外包，是指企业将自己不擅长的工作，或者是占用自己大量财力人力的工作委托给外部公司做，进而降低成本、提高效率，增强自己的核心竞争力。众包，是指企业将原本由内部员工完成的工作，通过互联网以自愿的形式把顾客分配给特定的大众网络。同外包相比，众包更倾向于集中大众智慧，关注普通群众。

力量8：从纯线下、全线上到线上线下深度融合

市场竞争日益激烈，合理地利用互联网渠道进行推广，其效果会远远大过线下传统的发传单宣传。所以O2O这种新渠道模式应运而生。O2O模式通过线上展示和线下体验把用户与商家紧密地联系在一起，并且给消费者提供一个完整并系统的服务，贯穿交易的始终，并延伸到后期的跟踪和维护。用户真正感受到被服务的过程，更愿意分享。通过二次口碑传播，不仅能保证消费者的持续购买力，还会影响新用户，进而提高销量。

力量9：从二八定律到长尾理论

二八法则，其实不是让我们只注重那20%的市场，而忽视剩下的80%长尾市场。长尾市场需求更加多元化、个性化，在这种背景下应运而生很多新的商机。此外，我们还要开拓蓝海市场[①]，筛选不同的买方价值，然后重新组合排列，让新的定位适应市场结构的改变。

力量10：从传统金融到互联网金融

传统金融机构想要继续更好地生存，就要主动寻求渠道，同数字经济紧密结合，在业务相结合的同时要注意三个问题：第一，转移移动互联网，实现线上与线下的有机结合；第二，充分利用大数据资源，挖掘有价值的信息为自己所用；第三，发挥流量和平台作用，在注重打造自身业务平台的同时积极筹划合纵连横式发展。

无论是挖掘数据、共享资源，还是信息对称，降低成本，捕捉长尾市场，抢滩蓝海领域，重新整合企业重构市场，这些都是未来数字经济的发展趋势。数字化商业更具创新性、灵活性和挑战性，唯有坚持创新，无惧挑战，才能生存。

---

① 蓝海市场属于市场的一种类型，现存的市场由两种海洋组成：即红海和蓝海。红海代表现今存在的所有产业，也就是我们已知的市场空间；蓝海则代表当今还不存在的产业，就是未知的市场空间。

第三节 企业数字化转型的"变"与"不变"

随着数字化时代的到来,商业模式正发生翻天覆地的变化。

谈起变化,五年前讨论这个词语,你也许会说,只要我们走在变化的前沿就一定能顺势成功;三年前谈这两个字,你也许会说,我们紧跟互联网转型就还有成功的可能;两年前再谈变化,却充满了不确定因素,黑天鹅更是漫天飞舞。

今天,时代真的变了,我们要用数字化生存这个词语来描述变化。

近两年,在企业管理领域总能听到大家在讨论数字化转型这个话题。根据《埃森哲技术展望2019》的调研数据表明,在过去三年,市场上有90%以上的商业组织因为应用数字化技术,已经加速或显著提升了企业的创新脚步。数字化转型发展至今,已经不再是是否选择转型的问题,而是选择该如何做才能更好地进行数字化转型的问题。

企业在数字化转型的道路上会遇到很多艰难险阻,一定要把握其中的变与不变,方能加速转型,获取真正的收益。

一、数字化时代，一切都在以超乎想象的速度变化着

在这个处于时刻变化的时代中，没有人是旁观者。我们要勇敢地面对自己，敢于向自己发起挑战。首先，要改变视角，用发展的眼光衡量现在；其次，要坚信改变是组织最大的资产。即便在多变的环境，也要坚守自己，坚持为客户创造价值。

1. 速度变了

在数字化生存时代，最重要的变化是时间轴变了。

在过去，一家企业要想成为行业领先者，或许需要一百年。而如今，两三年就可以完成。我们从身边的变化中就能看到时间轴的变化速度。QQ用十年时间聚集了五亿用户，而微信仅仅用三年半就聚集了五亿用户。淘宝用十年时间超过了线下电商，但摩拜单车仅用一年多时间便覆盖了七个国家、180个城市。

在这个大背景下，技术会带给我们更大的成长空间，更多的帮助。与此同时，我们需要担心的是，我们是否能够和这些新技术完美地融合在一起，达到事半功倍的效果。

2. 商业逻辑（模式）变了

如今，商业面临的最大挑战是逻辑变了，这是否意味着所有的东西都要被重新定义呢？

当所有东西都被重新定义的时候，价值创造与获取方式也会随之改变。真正的价值要具有时代的属性，反之就不会真正明白自己在这个时代中所扮演的角色，究竟要做什么。从商业层次看，产品、市场、客户、行业是我们最关心的问题，如果我们把工业化时代和现在的数字化生存时代做比较，就会发现两者的巨大差距。

工业时代的变化多有迹可循，有规律可依，环境是可以预测的，行业有边界约束，客户的个体价值就是组织价值。如今的变化无规律可循，经营环境更深不可测，行业上下游边界模糊，个体价值远远小于客户价值，决定产品价值的是使用价值，而不再是交易价值。

在数字化生存时代，用户与顾客成了两个完全不同的概念，用户指使用产品或服务的人，客户指肯为某种服务买单的人。

3. 管理变了

以前组织面临的最大挑战是业绩，而今最大的挑战是是否能驾驭不确定性。因为如果你不能驾驭这种不确定性，何谈绩效？管理核心的调整改变意味着组织对成员要求更高，一定要有持续的创造力才能真正地驾驭不确定性。例如，海尔把六万人变成两万个经营单元，每个人都和订单在一起。人单合一模式就是让组织成员拥有持续的创造力，让每个人都成为CEO。

4. 组织变了

在工业时代，组织中层级关系呈金字塔型。组织会通过业务流程将各个岗位串联起来成为一个系统，这个系统可以持续运行为客户提供产品与服务。员工投入度就是衡量一个员工的工作维度，组织更愿意选择通才并发挥其价值。

在数字化生存时代，组织中层级关系模糊，结构呈扁平化，难以形成明确的组织架构，更多时候需要虚拟团队协作完成任务。评价员工维度由以前的投入度，变成明确的结果性产出，看你究竟完成了多少工作，效率如何。组织不再过度依赖通才，而是更多地选择技能型人才，这样对信息把握更加有效、准确，解决问题更精准。组织管理由外在动力，转化为自我管理与驱动。

组织功能在数字化生存时代一定要改变，由工业时代的管控功能，改变为赋能能力。年轻的员工是互联网的原住民，他们愿意尝试新的工作，适应流动。有时，让他们感到有意义，有乐趣，能够学习到新技能，比赚多少钱还兴奋。

二、"变"的关键——过程是痛苦的，我们只需挑战自己

影响组织变革真正的阻力其实是我们自己。常言道，思维方式决定一切，我们要改变就要浴火重生。

改变是组织最大的资产，如果你只有钱、只有人却没有改变和进步，那就是负资产。真正的资产就是改变，如果你拥抱变化，善于改变，你的组织一定会紧跟时代步伐，越走越远。

在组织发展改变的过程中，最难的往往不是你接受新的观点，而是摒弃旧的观点。在如今社会大背景下，我们接受新鲜事物的能力都有所提升，但是要想完全放下旧观点又十分困难，但是不放弃陈旧迂腐的，又怎么更好地迎接新的观点呢？

我们都是这个时代的参与者，我们不需要挑战别人，只需要向自己发起挑战即可。

因此，不要总是评价组织的好坏，我们只需要反思自己可以做什么，需要做什么。很多中国企业都在用旧的逻辑思维迎接新的名词，不是我们做得不好，而是时代每天都在进步。

例如，有的企业认为自己是生态企业，但其领导者并不自知他们还在沿用旧有的工业时代的思维方式，想要改变就要有变的能力，这个能力是纵横交错的，从管理者沟通到平台，从文化落实到个人，价值观必须要有一致性。如果价值观有所不同，你再有能力也是于事无补，在变

化更迭快速的今天，我们一定要笃信的是一致的价值观。

变是一种内在的、主动的力量，向自己发起挑战。变不是外力现象，靠外力推动的改变没有任何实际意义，只有不断地否定自我，超越自我，这样的变才是内在的，有价值的。

三、变化中的坚守——坚定自我、持续行动、创造价值

说了这么多的变，那么哪些东西应该是坚持不变的呢？

如今在变化的大环境下，万物都在改变，环境更是永恒地变化着，唯一确定的只有自己。所以，你的选择将决定你得到什么样的结果。有人说，理想与现实总是相距甚远，其实他们之间也许并不太远，你只要在中间放一个"行动的自己"，理想便很容易变成现实。有的人总是有这样那样的不确定，其实也无需焦虑，只要内心确定要做什么就好。

对企业来说，不变的就是客户价值，我们要以客户为中心的本质是不变的，变化的是为客户创造价值的方式。

数字化转型无孔不入。现今，人越来越依赖智能手机，总是拿在手里进行各种操作，但如果是在骑车或者开车的时候就会有很大的安全隐患。为解决这一问题，Google和Levis合作，研制推出一款智能夹克，这夹克带有传感器，人在穿上后通过触摸袖口就可以实现对手机的操作，避免因为看手机屏幕造成分神的安全隐患。亚马逊智能音响，在AI技术的加持下为人们提供一站式服务，人们从购物、叫车、获取天气信息等都可以通过语音对话完成。乐高通过技术展示，为用户呈现拼装好的玩具效果，从而创造出一种新的用户沟通方式，深得大家喜爱。

这些企业为客户创造价值的方式各有千秋，但从本质上来看，都是

以客户为中心，真正地了解用户需求，在此基础上对产品进行创新与改革。这些企业都深谙一个道理，只有满足客户，企业才会获得成功，企业要想可持续发展，就要彻底满足变化着的客户需求。

　　坚定自我、持续行动、创造价值——无论商业形态如何改变，我想这是未来企业唯一不变的地方。

第四节　数字化转型不能一蹴而就

一、认清数字化时代的本质，让自己活下来

因为各企业的实力和规模不同，而标准化的互联网数字运营对中小企业来讲是难以真正执行的。线上渠道对他们来说是既吃力又耗时的事情，并且回报甚微。这也就是为什么，在这次疫情中，它们的防控能力更弱，长期看来，它们的数字化经营也是问题重重。

想要在数字化时代更好地生存，就要深谙数字化时代的本质，成为行业内的专业玩家，系统地掌握数字时代的商业模式。这样才有机会在市场竞争中游刃有余地获取胜利，才能跟得上数字化发展的脚步。商业和技术的关系就像两个齿轮，二者轮转、循环往复地推动彼此。技术发展改变了人们的消费习惯，改变了商业环境。随着商业模式的变化，又能反过来为技术提供新的议题和场景，让技术在解决问题中进一步升级。

以微信为例，它的商业生态本身就是一个双向影响的过程。

如今，商家基于微信的场景和蓬勃发展，进行了一系列的消费者群体触达和运营，出现了如群直播、朋友圈推广、小程序等新的经营方式。

正是因为商家在线上的新需求涌现，微信便开拓了企业微信这类专业的企业沟通工具，包括小程序在内的更丰富的线上生态产品。

虚拟世界中的边际效用没有物理世界里那么明显，这就意味着会有更多的线上新需求出现，消费者对虚拟化的需求会比物理性需求更高。

例如，线上看"直播"、逛店铺所用的时长和带来的消费，就可能比消费者在线下的消费时长要多。而这类企业就突破了经营场景，收获了更大的营收空间。

值得注意的是，因为线上入口有限，加上有些平台的流量分发方式中心化，这就容易在变革中出现马太效应，导致强者愈强，弱者愈弱的现象，一些新的创业者和中小商家会面临更多挑战。

二、快速适应，面对挑战，但转型不能一蹴而就

面对这样的挑战，企业首先要保持高效敏捷的灵活度，快速适应数字化工具，并且熟练使用，才能在创造中占有优势。

例如，有些企业在疫情前就已经开始构建自己的私域流量，疫情发生期间就可以根据朋友圈、群聊等渠道，同消费者继续保持触达关系，形成消费转化，不会被突如其来的疫情打得措手不及。那些在疫情前就已然开始数字化转型的企业，在疫情期间通过小程序等工具，轻松实现了数倍增长，危机变成了机遇，这样的灵活度在企业数字化竞争中的优势十分明显。

更重要的是，企业直接掌握与消费者的沟通渠道就代表着企业离消

费者距离更近，这会为企业长久发展带来正能量，成为企业的直接竞争优势。这也是商业和技术两个齿轮相互碰撞，双向改变，互相促进的典型。

线上流量同线下流量相比在分布逻辑上差异较大。线下经营中流量多与选址有关，通常流量情况比较稳定。但在线上，尤其是在中心化分发平台上，算法决定流量，企业的主动权不再明显。

在中心化分发平台上，消费者和企业之间的平台渠道，拉开了企业与消费者之间的距离。如今更多的企业都在思考如何做"私域流量"，最终要解决的核心问题还是流量分发给企业带来的不定因素和挑战，将流量的主动权掌握在自己手中才是最重要的，这也是技术对企业商业模式的巨大影响。

例如，网红直播带货，这种模式其实就是把渠道和品牌放在他人身后。但值得企业深思的是，这种距消费者甚远的创新，其长期价值究竟有多大呢？是否能够真正符合企业诉求与利益？如何平衡长期经营与短期获利之间的平衡呢？

由此可见，在未来，企业在选择这些新型商业模式并加以实践的过程中，也会推动新技术的产生，去解决企业在数字化经营中面临的各种问题。

从无尽的机遇与挑战中，我们认识到，数字化转型是涉及到社会变迁的系统工程。虽然短期会出现某些黑天鹅事件，带来很多不定因素，但社会变迁的长期方向是势不可挡的。企业、服务方、平台有更多新的命题值得深思探讨，微信圆桌这种讨论空间也在发挥着自己的价值。

数字化转型从来都不是一蹴而就的过程，而是漫长的过程。在这个过程中，需要多方面、多角度的思考，甚至在试错与尝试中摸索，但它必定会在商业与技术的双轮驱动下持续向前。

新商业思路

数字化是企业转型的核心驱动力

时代正在改变,时代已经改变。

数字化时代,消费者拥有主导权。在互联网的飞速发展中,信息不对称正被逐步打破,消费者影响力增强。

数字化时代,消费者注意力难以集中,商业竞争的焦点聚集在消费者的注意力上,这就是流量竞争,能吸引消费者注意力的事物便是流量入口。

数字化时代,世界被串联在一起后,传统线性、简单的产业链被打散,取而代之的是更加高效、以消费者为中心的各种生态系统。

在数字化时代,一大批与传统企业逻辑不同的企业迅速崛起。中国最强大的数字化平台有三个,其一是提供搜索服务的百度,但不靠搜索赚钱;其二是做电商的阿里巴巴,淘宝是目前为止阿里最大的交易平台,但阿里并不依靠淘宝赚钱;其三是提供社交服务的腾讯,而微信和QQ又都是免费的。

BAT因为免费的优质服务赢得了大量的忠诚客户,跨界赚钱变得更容易。在2016年,阿里巴巴和BAT的净利润都在30%以上。

因为多数传统企业是靠服务和产品赚钱,但当它们碰到了这种跨界、免费的竞争对手后，也是毫无招架之力。而"无接触商业"的到来，对企业来说最重要的事情是以不变应万变，快速推动完成系统化变革。我们要看到危机所造成的影响与变化，把握新机会，否则就会陷入被动。

数字化驱动企业经营主要有三个阶段：数据管理阶段，数据化是企业的首要任务；数据分析阶段，通过数据分析形成有价值的信息来驱动业务战略决策；数据驱动精益成长阶段，信息整合成知识赋能创新生态。

企业通过数字化驱动和用户体验，迭代和更新自己的新商业模式，数字化是品牌的核心驱动力。可见，"数字化"才是更适合描述时代变迁的词，用户数字化、门店数字化、生产数字化、渠道数字化、供应链数字化、营销数字化，数字化是企业转型的核心驱动力。

数字化为传统行业和电商零售业发展提供了新方式，在特殊时期帮助商超场所解决了销售压力问题。转危为机是企业疫情下的生存法则，在危机中找到发展商机，既是企业面临的重大挑战，也是企业自我完善的好时机。面对重重阻碍，还需要各行各业携手共进，砥砺前行，实现共赢。

第八章

"无接触商业"生态下，
企业数字化转型的路径

所谓无接触经济，就是基于人与人、人与物"接触有限"或"没有接触"的经济，其本质是数字经济的一部分，和整个数字技术、人工智能、产业信息化这些基础支持密不可分。可以说，5G、大数据、人工智能、云计算以及智能物联等新技术是数字经济发展的基石，也是"无接触经济"顺利施行的技术载体。

在过去，人与人之间面对面很容易实现互动，而2020年以来疫情导致人们必须暂时隔离。可以说是疫情将"无接触经济"下的数字化商业的潜能显性化了，因此，新商业模式被推向了前台。

今天，数字化转型已然成为企业战略级的行动。本章，我们将剖析不同行业的转型先锋，以帮助后来者更好地把握未来的转型趋势。

第一节　飞鹤：因疫而动，化危为机的数字化转型

新冠肺炎的爆发导致大部分企业都陷入危机，而这一事件不仅具有不确定性（Uncertainty），同时具有易变性（Volatility）、复杂性（Complexity）与模糊性（Ambiguity），这四个要素加在一起，也就是20世纪90年代以来被广泛提及的"VUCA"时代。无论身处什么时代，企业如何面对这场公共危机，尤其是如何通过数字化运营，继续为客户提供在线培训、在线学习、在线办公、在线直播等"无接触"服务，在危机中求新求变，是企业面临的重大课题。

我国最早的奶粉企业之一飞鹤乳业（以下简称"飞鹤"）在处理危机的过程中，实现了卓有成效的数字化转型，对后来者很有借鉴意义。

一、因疫而动，化危为机

飞鹤的数字化转型始于线上销售。首先，飞鹤要解决的是线上与线下业务相互争夺市场的矛盾。为此，飞鹤有一条硬性规定是，线上产品不能流到线下，线上线下不能打价格战，线上销售要以保护线下零售

店的利益为前提。为了满足这条规定，飞鹤线上销售渠道采取了差异化的战略，通过创造新的价值主张——"28天新鲜直达"，区别于线下业务。

所谓"28天新鲜直达"是指飞鹤电商渠道能够确保从挤奶开始，产品在28天内到达消费者手里，条件是价格比线下略贵。如此一来，选择权在消费者手里，也避免了线上业务与线下业务的冲突。随着疫情不断蔓延，飞鹤的线下业务受到很大影响。于是，飞鹤通过数字化转型，创建了信息化数据中心，打通了数据壁垒，线上线下形成了一个新的数字生态圈，协同发展。但数字化的转型绝不只是单纯地将线下销售转移到线上，未来真正的新零售需要的是实实在在的数字化服务的改变。

一、利用数字化赋能服务能力

疫情之后，线下实体门店无法正常营业，完全没有生意，飞鹤通过线上展开一些营销活动，促进购买力。但一般连锁门店并没有独立的营销和策划能力，此时飞鹤数据中心的赋能就显现出来了，通过对经销商与连锁店宣导线上营销活动的影响，协助它们创造价值，赋能经销商的同时，保证经销商的利润分成。鼓舞了线下的经销商在无法开门营业的前提下继续通过线上服务于客户。如此一来，经销商的积极性和参与度非常可观，积极开展线上营销活动，这不仅是受利益的驱使，经销商们还发现飞鹤的数据中心可以为他们赋能，提供精准的数据和更多营销机会。通过此次数字化的转型，培养了消费者网上选购奶粉的消费习惯。根据飞鹤官方发布的数据统计，在疫情期间，飞鹤产品的配送率高达98%，2020年第一季度的收入增速不低于30%，这样的业绩报告无疑是飞鹤数字化转型成功的最有力证明。

二、凡益之道，与时偕行；和实生物，同则不继

"凡益之道，与时偕行"这句话是习近平主席在出席第二届世界互联网大会开幕致辞中引用的《周易》中的一句话。这句话源自益卦。在《周易》中，益卦的卦象是"上风下雷"，代表风雷激荡、相助互长的景象，风势愈强、雷声愈响，也就是说交相助益。把握变化的趋势和时机，与时俱进才能得人生之益。

后半句"和实生物，同则不继"则出自《国语·郑语》，强调和谐统一，万物才能生长延续，但如果完全相同而不能求同存异，则无法更好地发展。这句话的意思是，企业在转型过程中还要"和而不同"，损与益相互转化，形成共赢的新格局。飞鹤便是这样做的，随着营销活动的开展，飞鹤建立了一套新的机制。例如，按照中央电视台广告的高标准制作宣传短片，突出品牌形象；同时将教育消费者的线下活动转移到线上，开展了一系列线上直播、公益课堂等等。从2020年2月初开始，飞鹤在全国范围内举办了将近9万场线上营销活动，覆盖的消费人群高达210万人次。这让飞鹤的线上业务在疫情期间增长了200%，同时带动了线下十几万家门店的销售。

当然，任何企业的转型都不会一蹴而就，尤其当我们处在"VUCA"的时代背景中，该如何面对新的数字化挑战？飞鹤的做法是：

1. 跳出舒适区

环境的变化、全新的形式，企业转型也需要员工随之做出改变。飞鹤强调团队合作，要求企业所有员工都行动起来，防止营销模式和新的业态停滞不前。在疫情期间，一些实体经销商本来有地利优势，认为线上营销会阻碍线下实体的销售，于是抵制飞鹤的线上活动。对此，飞

鹤先是在地方县城探索线上推广模式,接着实现全省联动营销,最后实现全国联动。这种规模化的联动营销模式让传统门店和经销商打破了束手无策的局面,在飞鹤的统一指导下,全国经销商一起学做视频、做社群,利用大数据和数字化的科技手段,不间断地与飞鹤的用户互动,拓客的同时也为未来的数字化转型奠定了基础。

2. 转型战略布局

飞鹤将未来的发力点聚焦在婴幼儿配方奶粉上,只不过要结合数字化的科技力量将产品做精。例如,飞鹤将销售数据反馈到数据中心,通过数据的整合分析,为新品研发提供支持。传统企业在产品研发方面存在诸多问题,如研发周期长、生产能力与需求不匹配、物流成本高、组织沟通效率低等等。因此,有针对性地打通客户数据,精准洞察消费者,更好地指导企业的研发、设计、生产等环节,优化资源配置,成为企业转型的新要求。例如,阿里、京东等电商平台企业都搭建了数据中心,形成了一系列品牌商和传统门店的数字化服务产品,这些服务成为传统企业完成数字化转型的基础条件。企业的数字化带动的不只是对终端客户的精准定位,同时也确保了产业链,尤其是供应商、前端原料的品质安全。例如,为了让奶源更健康、更安全,飞鹤通过研究种子、土壤、饲料等原料,从而研发出从源头就让消费者放心的产品。这考验的不只是员工个人的创造力、品牌对市场的反应速度,更要求企业从长远的数字化战略布局上,打通各数据链条,形成科学的数据体系。

企业无论是处于疫情特殊时期,还是一般规律性的经济周期,我们都身处今天这个多元化、市场高度细分的时代里,面对更多的不确定性,谁抓住了未来趋势,谁就抓住了在红海中脱颖而出的王牌。

第八章 "无接触商业"生态下，企业数字化转型的路径

第二节　星巴克：持续升级"无接触"服务

疫情当下，全国各地的餐饮业都受到了巨大的冲击，迎来"闭店潮"。我们先来看一下各大企业在2020年第一季度公开发布的财报数据，详见表8-1。

表8-1　各大企业（品牌）2020年一季度公开财报数据

企业（品牌）	第一季度财报
星巴克	2020年1月29日，星巴克发布了第一季度财报，第一财季净营收71亿美元，去年同期66.33亿美元，收入增长7%。Q1净收入8.86亿美元，合每股盈馀0.74美元
百事	2020年5月28日，百事集团发布了一季度营收数据，2020年1—3月百事的营收为54.65亿元。核心业务收入共48.87亿元；国际业务收入为1.16亿元，同比增长近两倍
欧莱雅	2020年4月16日，欧莱雅集团发布了2020年第一季度财报。截至3月31日，欧莱雅2020年第一季度，集团总营收同比下降4.8%至72.25亿欧元，其中，中国业务收入同比增长6.4%。此外，电商业务同比增长52.6%

续表

企业（品牌）	第一季度财报
顺丰	2020年4月23日，顺丰控股公布了2020年第一季度财报。数据显示，2020年一季度顺丰实现营业收入335.41亿元，同比增长39.59%；经营活动产生的现金流量净额19.09亿，同比大幅增长34.28%。一季度顺丰实现业务量17.20亿件，同比大幅增长75.15%
永辉超市	永辉超市2020年4月29日，永辉超市发布了2020年一季度财报。数据显示，2020年第一季度实现营收292.57亿元，同比增长31.57%。一季度净利超过2019年全年

表中的企业在疫情期间，总体表现良好，实现逆风翻盘，尤其是永辉超市，开年一季度的营收超过了上一年（2019年）全年。当然，数据也不能说明一切，更不能证明这些企业在接下来就一定会保持高增长的态势。世界上唯一不变的就是变化本身，受疫情影响，企业所处的商业环境依然处于不确定性和变化之中。以星巴克为例，到了第二季度，业绩开始出现短时间的下滑趋势。其实不管是否处于特殊时期，企业的业绩势必会有一定幅度的波动，但这并不影响好企业、好品牌自身的价值。而在危机到来时，星巴克教科书式的持续升级"无接触"服务依然值得我们学习。

一、星巴克的"无接触"服务

1. "无接触"店内点单

星巴克线下实体店推出了店内"无接触点单"服务。具体做法是：在吧台前一米左右的区域上特别标识了一条警示线，以确保店内员工和顾客的"安全距离"。在疫情的特殊时期，当然也会有一部分顾客，带着自己的杯子购买饮品，星巴克要求店内的咖啡师在接触完顾客的杯子之后给予手部消毒再去做下一杯饮品，确保服务全程的安全性。

2. "无接触"坐席安排

星巴克店内就餐区域也减少了一部分餐椅,设置了有限的"坐席区"。这些开放的坐席区之间都保持了一米的"安全距离"。顾客离店之后,店内员工会对相应的桌椅及时消毒清理,保障门店和顾客的双重进行安全。

3. **注重外包装密封问题**

在特殊时期,食品安全是顾客最为重视的一点,那些注重安全细节的企业,会让顾客有更多安全感。门店无论采取哪种配送方式,都会把注意力放在卫生消毒、取餐送餐方式以及店内员工自身的健康问题上。同时,星巴克在产品的外包装上主要强调密封性,"啡快""专星送"订单的产品制作完后,都会用密封杯盖或者插上封口棒。"专星送"的订单产品还会将封条密封在拎袋中,直到顾客打开。

星巴克的上海烘焙工坊,可以让顾客近距离了解咖啡烘焙的整个过程。同时店内的400多种星巴克的商品也拓宽了业务,一方面让人们加深对星巴克的了解,另一方面提升了品牌的影响力、知名度、信任度和品牌价值。

4. **沉浸式的服务体验**

2020年3月13日星巴克开放了数字化沉浸式体验的门店,固定投射的光影秀会给顾客带来沉浸式的体验效果。当游客走累的时候就可以在星巴克小憩一下,这个建在植物园里的星巴克在水族馆和绿植结合之下,给顾客打造了一种清新自然的视觉盛宴。

二、审时度势,及时调整战略

尽管线下实体经济大受冲击,很多企业之前不明显的问题开始频频暴露。但危中有机，企业也应站在新的高度审时度势，改变固有的思维，数字化转型便是其中的一个方向。星巴克并不缺少数据的支持，星巴克在全球有3万多家门店，平均每周1亿多笔的交易让公司对顾客的消费习惯了如指掌。通过对数据的分析，及时调整战略，从长期看，虽有波动但总体依旧能保持稳健增长。

其实，早在2018年3月，星巴克在年度股东大会上就未来十年的战略作出了调整：在中国市场继续增加更多数字化投入，并分别从数据、技术、商业三方面展现了强大的策略。星巴克具体的做法是：

1. 展开个性化营销

星巴克根据消费者的消费习惯提供个性化服务，推出了Mobile Order & Pay。顾客通过该功能可以在手机小程序上，选择就近的门店，提前下单，省去了到店等候的时间。星巴克通过这种线下线上结合的方式，提升了销售的效率，减少了顾客的等待时间，实现了用户数据化。同时，星巴克根据消费者过往消费记录，进行购买产品预测，为不同的用户提供不同的产品，实现个性化营销。

2. 跨渠道新品研发

个性化的促销活动对拉动门店业绩有一定促进作用，但是对于企业生产、研发新品来说，整个过程相对较慢。而星巴克利用掌握的消费数据做大量市场调查，设计了更符合顾客喜好和消费习惯的新品，提高了新品研发的效率。例如，星巴克曾推出了一款叫做K-Cup的胶囊咖啡，就是为了满足消费者需求的多元化。

3. 门店选址规划

在没有数字化转型之前，星巴克和大部分企业一样主要基于经验判断选址。如今，星巴克的门店扩张主要是基于大数据进行选址，应用程序核心是基于位置的人工智能分析，它也被称为制图或GIS（地理空间信息系统）。这一系统能根据现有的星巴克门店距离新店的位置进行综合判断，避免新店对现有及周边门店造成影响。

4. 数字菜单

星巴克根据数据定期修改产品定价，然而如果在柜台上方印刷出商品目录，就无法随时调整。因此，类似写黑板这样不需要技术支持的解决方案，反而是受门店喜欢的原因之一。但星巴克的解决方式是通过推出"数字菜单"，可以在菜单中随时修改产品，降低菜单成本同时反映顾客偏好。

5. 机器维护

星巴克的数字化也包括了物联网，体现在店内的业务上，包括从一台咖啡机拓展到其他的店内设备，例如烤箱等等。星巴克门店比较典型的特点就是交易成本低，持续时间短。如果设备出现故障，就会导致店面营业下滑。让工程师随时在现场排解故障是不现实的，时间就是金钱，要想解决这个问题，星巴克的做法是收集故障机器修理等方面的数据，进行常规分析，通过人工智能预测故障，第一时间进行排查，降低故障发生的频率。

有人说：星巴克并不是佯装成科技公司的咖啡连锁店，而是一家用美味咖啡和舒适感来引诱你消费的科技公司。在数字化时代，技术对企业的影响不仅仅体现在业绩的增长上。在数据系统、数字平台使用率越来越高的今天，星巴克的数字化升级也在持续探索中。尽管疫情当下，令包括星巴克在内的中国咖啡市场正经受新一轮考验，但企业面对暴风雨时迎难而上的态度和续写新篇的能力、策略，更值得我们期待。

第三节 欧莱雅：通过营销3.0实现数字化转型

欧莱雅是一家有着110年历史的美妆企业，堪称美妆巨头，如今，它正式进入营销3.0的转型新时期，希望能够借助这次转型实现质的飞跃，不仅能够与市场与时俱进，还能够加强消费者与品牌之间的粘合度。

Lubomira Rochet是欧莱雅首席数字官，她在戛纳广告节中表明："基于营销团队的组织方式，我们近乎改变了一切，我们称之为营销3.0。"

一、数字化转型奠定欧莱雅行业领导地位

个性化体验在数字移动营销中起到了关键的促进作用。品牌方想要让消费者互动更有效，消费者体验更加美好，品牌应该找到能够帮助自己实现数字化转型的营销战略。

如今移动端对消费者的影响不容忽视，无论是选品、浏览媒体内容还是了解品牌，消费者几乎都是用手机来完成各项内容。以前造型师希望自己的顾客能够随时在身边，为他们的新造型提出意见，这看似几乎不能实现的事情在移动端已然变成现实。

2020年第一季度，全世界化妆品市场整体下降8%。欧莱雅的销售额同比下降4.8%，微高于市场的平均下降比率。在疫情的冲击下，欧莱雅选择了在第一时间，对员工以及消费者合作伙伴进行了保护和援助，也为医疗机构提供了更多的支持。

电子商务作为欧莱雅集团增长的驱动力，它实现了52.6%的增长率，占销售额的20%，疫情危机之下加速了公司的数字化转型，这都得益于电子商务领域的发展优势。电子商务丰富了消费者各方面的体验，奠定了欧莱雅在数字化转型上的重要地位。

作为国内美妆市场上数字化创新和电子商务的引领企业，欧莱雅持续优化线上购物体验，无论消费者在何时何地都能享受到最好的购买体验，在特殊的疫情期间依旧如此。

在中国，欧莱雅不仅仅实施有效的投放、推广等数字营销战术，更着重于构建整个公司的营销体系和加快数字化进程。

从CEO到每一位营销人员，欧莱雅都将数字化作为工作思维，公司投入大量的时间和精力用于数字化的进程中。目前囊括市场传播、媒介策略、市场研究等，数字化几乎覆盖所有部门。现今，数字化不仅仅是一种营销手段，更是一种营销转型方式。

二、大象转身——欧莱雅数字营销战略的三个关键

面对竞争，欧莱雅如何保持高效率决策？如何能够快速转身？下面我们一起试图解析"大象转身的步伐"。

紧跟发展的步伐，数字营销不再拘泥于数字渠道本身，而是渗透到营销的每个环节。如今，找到全生态、全渠道的数字化升级方法，才能够更好地满足消费者的需求，成为营销的关键。

关键1.个性化

随着社会的发展，定制产品已经无法满足日益升级的消费需求，品牌需要千人千面的个性化数字服务，让消费者享受到全天候的专属美发师、美妆师和造型师。

为此，欧莱雅强力推出App"Makeup Genius"，为消费者提供及时的试妆体验：

首先，App扫描客户脸部，分析60余种面目特征，接着，App向客户展示不同上妆方式的多种产品模拟效果，为用户在App内选购产品提供有效参考。同时，Makeup Genius能够持续记录消费者的使用情况和购买历史，对同类用户加以研究，从而更了解此类客户群体的偏好，以便在未来为她们提供更精准的服务、更有针对性的产品。对于消费者而言，最具个性化的体验最值得回忆。因此，品牌要提供与个体息息相关的个性化服务满足不同的消费者需求。

关键2.数据化

大部分消费者在购物前会在线上搜索与产品相关的信息，对品牌来说，清楚地知道消费者在网上浏览的内容尤为重要。

为更好地推出美宝莲新品，欧莱雅必须更精准地识别、预测并满足消费者的需求。为达此目的，欧莱雅与Google联手发起了一项与造型问题相关的研究：他们把受众分成三组，目标受众为"想要快速打理好造型"的一组，这类消费者希望获得最简单省时的装扮技能，迅速打扮自己。为此，欧莱雅在YouTube上创设了一系列视频，满足不同的消费者需求，呈现个性化差异需要三个简单的步骤即可，消费者就能够获取最适合他们皮肤的美妆建议。

欧莱雅在这种数据驱动的营销方式下，获得了超9百万的视频浏览量，也就是说，欧莱雅为消费者提供了9百多万次一对一的答疑服务，帮助消费者在选购商品时走出困惑。

如今，消费者无论是在线上搜索，还是观看视频、购物，一切都变得有迹可循，他们的每一项动作指令，都为品牌提供了丰富的洞察机会，品牌应更好地利用这些信息转化为自己的数字化财富，从而提高预测消费者需求的准确性，实现精准营销。

关键3.重新想象

如今，品牌触达消费者已不再拘泥于时间地点，但与过往相比，牢牢地吸引消费者的注意力，在竞争中一鸣惊人却更难。

如果是以故事的形式呈现给消费者，要注意快速展现其品牌与故事的"相关性"，品牌应整合媒体渠道、内容信息和创意形式，让故事更加引人入胜，以便快速吸引消费者。

通常，品牌只需要几秒钟时间传递关键信息。欧莱雅在YouTube上发布的Root Cover Up喷雾广告，在最开始的6秒内阐述了产品的实际用处与核心价值，消费者产生兴趣就会继续点击观看完整广告内容。讲故事的形式更具创意，消费者在移动端的互动才会更有效。

综上，我们不难理解欧莱雅数字化转型的原因。

一方面，在互联网背景下，欧莱雅发展最具潜力的渠道是电商。另一方面，消费者需求个性化、多样化呈现更加鲜明。欧莱雅中国首席执行官斯铂涵曾表明，如果用"消费品""美妆"等名词来形容欧莱雅，他更愿意把欧莱雅称之为"数字化"企业。未来，欧莱雅会面临一个史无前例的挑战，即打造一个"全新的欧莱雅中国"。

第四节　蒙牛：端到端全产业数字化改造

2020年《政府工作报告》中明确指出："大力发展工业互联网，积极推进智能制造。"2020年初始的疫情让在线客服、电商网购等新业态浮出水面，一些新生事物在疫情期间发挥了至关重要的作用。为继续推动无接触和数字商业的发展，政府部门出台了很多政策，支持并全面推进"互联网+"，打造数字经济优势。

乳业的龙头企业蒙牛便深谙此道，基于自主知识产权发展智能制造，蒙牛坚持变革，逐渐加大对技术和智能制造的投资力度，为真正成为数字化转型与智能制造的"数字牛"奠定了基础。

一、蒙牛的数字化转型探索

一直以来，蒙牛总能在变革之时做出正确的选择，在数字化智能制造方面持续占据行业领先位置。面对疫情的冲击，蒙牛集团无论是在生产端还是奶源端与消费端，都有条不紊地保证乳制品的新鲜品质，为行业高质量发展发挥头部企业的作用。

蒙牛致力于智能制造的团队通过锲而不舍的努力，成功申请并获取了乳制品智能工厂2款软件制作权：《乳制品智能工厂数据采集系统》和《乳制品智能工厂精益汇智系统》，这标志着蒙牛集团在乳制品行业智能化、数字化建设中取得了质的飞跃。

如何解决乳制品生产企业智能制造和精益生产问题，蒙牛集团自主研发的智能工厂精益智慧系统给出了完美的解决方案。在数字化升级过程中，企业汇聚海量数据库，但数据之间因为缺乏挖掘或利用数据的方法和工具，而无法有效串联，形成数个"数据孤岛"，数字化很难达到预期的效果。蒙牛集团的智能工厂精益智慧系统把精益生产和智能制造有效结合，通过运用数字化技术，让低成本精细化生产得以成为现实。

二、蒙牛的数字化转型策略："四个在线"和"两大中台"

疫情对所有乳企都是一场突如其来的考验，然而蒙牛却转危为机，把运营管理升级为数字化模式，抓住了全渠道新零售模式变革的先机，为公司打造数字化企业夯实了基础。

本次疫情推进乳企全方位革新，而在这特殊的时期各乳企唯有不断融合创新，利用新零售转危为机、用科技发展的新举措开拓行业新业态。这次疫情恰逢乳制品销售的旺季，所有的乳企都按照往年的惯例铺货，但是疫情的发生使线上销量大幅增加，缺货现象明显增加，而线下门店却销量大减，导致各渠道变得不平衡。

如果销售端出现问题，就会影响整个产业链，正所谓牵一发而动全身。各地因为管制问题对生产和物流都产生了影响，跨省市物流的限制更大程度地加剧了全国各地不同渠道的供需失衡。

疫情期间，在中华慈善总会的监督下，蒙牛用自己的物流体系为全国31个省、350多个地级市、1800多个区县的近8000家医院及其他防疫机构配送了牛奶，9天内累计捐赠了7.4亿元的款物。短时间内，高效作业。蒙牛不仅面临行业普遍问题，还有大规模的捐赠问题。蒙牛在面对双重考验的情况下，利用数字化的优势来高效地完成挑战，在为社会贡献一份力的时候，也指引行业找到新方向。

业内普遍认为，乳业行业数字化升级带来了三大变化。首先是除电商之外，社区团购、O2O到家、智能无人零售等新零售新渠道的快速兴起；其次是根据需求状况随时更新供应链的反应，让物流配送体系更加多元化；最后是在场景等方面的大数据分析下，做好品牌营销。此外，在内部行政管理上，乳业与所有其他行业一样，采取数字化远程办公、提高效率、健康管理等诸多举措。

1. 加速推进"数字牛"

蒙牛的数字化，具体体现在渠道与供应链两方面。渠道在线方面，蒙牛一直在开展社区送到家、社区营销等新零售渠道的积极布局，满足新需求、新销售、新服务的模式，"天鲜配"社区智能无人零售网络以及"蒙小牛到家"就是最好的例证。供应链在线方面，根据大数据模型分析，在生产物流规划、生产排产等方面完成了全方位的动态变化，并且通过智慧牧场平台了解全国收奶情况帮助统筹和调拨原奶。尽管受疫情影响，奶源数字化管理系统与自动化实验室质检系统双系统仍确保了蒙牛有序的运营。

2. 链接大数据平台

蒙牛以大数据为基础，发展"四个在线"和"两大中台"数字化转型策略，即供应链在线、消费者在线、渠道在线、管理在线的IT战略，并建立以业务中台和数据中台为核心的IT架构。在销售端实现数据平台互通，实现线上线下互动；在生产端根据需求预估安排产能、实现智慧库存；在物流端进行智慧协同、随时跟踪。通过智慧运营管理，形成了数据驱动的经营决策体系。在消费者在线方面，疫情期间蒙牛根据大数据平台，了解了消费者的需求，实现精准化营销；在管理在线方面，全集团4.5万员工采用钉钉健康打卡、HR和财务共享、研发管理系统等数字化平台。

稻盛和夫在《萧条中飞跃的大智慧》中说道："萧条是成长的机会，企业就是应该通过逆境来谋取更大的发展。"我们看到，作为世界乳业十强的蒙牛，面对疫情影响，正在不断创新发展数字化，成长为"数字牛"指日可待。

第五节　长三角区服饰龙头企业逆势上扬

据国家统计局发布的最新数据显示：截止到2020年4月23日，我国稍具规模的企业复工率高达90%以上，超20个省份的整体复工率达到了70%。但受疫情冲击，多项经济指标在第一季度呈明显下降趋势，3月份鞋服类销售额为689亿元，同比下降34.8%，第一季度整体鞋服类销售额为2252亿元，同比下降32.2%。从居民支出的角度来看，城乡居民鞋服类支出在第一季度分别下滑了20.1%和11.5%。

一、服装行业的数字化转型思考

一个企业在艰苦环境下的数字化应对能力决定了它的生存能力。对服装行业而言，疫情过后的"救命稻草"当属直播、微信平台。

疫情为电商带来了新的发展机遇，各省市、各行业都开始直播带货。素有"网红之都"之称的广州，也出台了一些列新政策，成立全国首个直播电商智库、启动"2020广州直播带货年"、打造电商之都……杭州的直播也进行得如火如荼。以往，一些传统老电商用户习惯线下销售,并不看好电商平台,抵触直播带货这种销售形式。如今,越来越多的商户开始主动申请直播,并且逐渐打造了一批专业、懂销售和搭配的专业级"主播"。

当然,疫情过后那些缺乏竞争力的公司必将被淘汰,因此,企业更应该转变商业模式,拥有灵活多变的产品、营销渠道,这样才能应对各种变化带来的冲击。疫情不会终结全球化时代,但是会改变全球化的进程。每个产业链上的经营者都应该付出更多的精力,以足够的韧劲面对新变化,寻求新优势。

物竞天择,适者生存,优胜劣汰是自然法则。疫情下这一切似乎更加残酷,也给我带来了新的启示:与转移低端产业、升级高附加值的产业相比,产业集聚和链条化更具韧性,不易被取代。

经济产业的韧性与全球化相辅相成,并不矛盾。如果可以在短时间内举国之力对制造业重组面对突发的危机,合作是必然选择。

单丝不成线,独木不成林;一箭易折,十箭难断。

产业如此,一国如此,全球亦然。

二、复工复产"下半场",那些逆市上扬的企业做对了什么?

随着我国疫情防控形势持续向好,人们逐步恢复了正常的生活秩序,企业复工复产已经悄然进入到下半场。

企业目前大都采取"线下复工,线上销售"的经营模式,处于结构调整期的服饰行业不断创新发展新运营模式。在中国经济文化最发达地区之一的长三角,服饰龙头企业如波司登、雅戈尔、红蜻蜓等在疫情期间都转危为机,销量激增。

1. 数字化能力需要长期建设，而不是被动地现学现卖

传统零售巨头的发展方向，是从业务电子化到业务流程信息化，再到业务数字化稳扎稳打地发展。这次疫情导致雅戈尔3000余家线下门店歇业，虽然线下业绩几乎为零，但是雅戈尔却越挫越勇，发现了新零售的商机。雅戈尔通过线上全员参与分销，实现单月1.7亿元的销售业绩。

雅戈尔可以做到这个成绩，离不开阿里云全链路赋能及自身全产业链优势，借此优势雅戈尔服饰品类才可以完成实时开发、实时试销和实时上新等模式，解决了传统订购会货款周转和商品周转率低的大问题。

面临门店停业以及巨额成本支出，除了雅戈尔，温州的红蜻蜓5000名导购同样采取自救积极转型线上。2020年2月1日起，"蜻蜓大作战"项目正式推出，建立了200多个离店销售的群，所有员工全部参与线上培训。虽然有疫情的影响，但是在"总指挥"红蜻蜓集团副董事长钱帆的推进下，离店销售额最高日销量超过百万。疫情期间，数据显示红蜻蜓通过"手淘+钉钉"快速将线下业务搬到线上，加上此前合作构建的中台，离店销售额日均增长率达到约30%。

如果没有数字化转型，企业的发展也不会这么迅速。企业数字化经营能力是需要长期建设的，不是被动地现学现卖。在这次疫情中，虽然面临着物流调配、交通管控等多重困难，但是"波司登3亿羽绒服驰援抗疫一线"公益活动进行依旧，并且波司登销售额在疫情期间也做到了逆势增长。

2. 疫情促使企业加速打通线上线下业务布局

数字化并非只是现在的一种手段，更是未来发展的趋势与挑战。

疫情促使企业加速打通线上线下，这样才可以满足用户需求的思维多元化，为了降本增效，企业必须加速数字化发展进程。企业数字化转

型的前提就是以消费者为中心，为消费者创造价值。企业数字化能力不仅体现在业务运营能力也体现在技术能力上，二者融合才是取得成效的前提。疫情过后势必会淘汰那些缺乏竞争力的企业。因此，企业更应该思考转变商业模式，以应对消费环境的变化。

新 商业思路

企业保持高增长、高成长性的关键

从宏观层面来看，受疫情影响，世界及中国经济逐渐进入中低速增长阶段，未来短时间里呈现缓慢下行的趋势。但从行业层面来看，几乎所有企业的目标都是保持高速增长，发现新的利润区，并使利润最大化。随着大环境向多元化的方向转变，企业坚守原本的盈利模式是非常吃力的，你不可能一成不变地经营着一家企业，企业需要开发自己产品的利润区。

那么，未来什么样的企业才能保持高增长呢？

1. 企业领导者需要思考几个关键问题：

现在：目前来看，我企业的盈利模式是什么？

未来：未来的1～5年我将进行怎样的规划？具体如何实现盈利？

客户：企业最有价值的客户是什么？

变化：他们的需求是什么？发生了哪些变化？是如何变化的？

调整：企业针对客户的变化将如何进行调整？什么样的模式才可以发展成新的利润区？

2. 区分核心产品与次生产品

核心产品吸引用户并提供服务，次生产品创造更多的价值。例如，腾讯公司的核心产品是免费使用的"腾讯QQ聊天软件"，而腾讯的次生产品是包括无数产品群的产业链。例如，各种游戏，各种黄钻、白钻、绿钻，各种应用，都是基于核心产品使这些次生产品获得了大量的用户。并且初次使用这些次生产品也是免费的，但是如果你想拥有进一步的体验，就要进行消费。

因为用户感受到了甜头，所以很多用户会愿意为此消费。类似的还有360，360刚推出免费杀毒软件的时候并不被看好，甚至部分人会觉得是自取灭亡，但是360杀毒软件稳定之后打了一出出其不意的仗，它开始发展自己的次生产品——360浏览器。360浏览器同样凭借核心产品360杀毒软件被很多人所用，并且反响非常好，并且走向了盈利的趋势。核心产品不一定是最赚钱的产品，但是一定是给企业能带来最大利益的产品。这种模式被很多企业所采用，例如，饮水机产品，饮水机是免费的，但是健康的水是要收费的；家庭净水器是免费的，但是更换滤芯是收费的。企业的核心产品主要是给企业积累忠实的用户，之后再把这些用户转化为客户，随之企业就会走向盈利模式。

3. 从中长期角度挖掘未来中国市场潜力

作为全世界人口最多的国家，随着中产阶层的崛起，借助人口的优势，中国市场必将迎来品牌大发展。何况中国拥有世界第一制造业的生产能力，同时数字化消费者指引着"世界工厂"进行转型，为中国发展数字化道路夯实了基础。毕竟中国具有全国最大制造业和全球消费互联网，中国消费端数字化能力可以向供给端迁移，并形成数字化能力迁移的飞轮效应。数字化的消费行为本质就是挖掘潜在的消费欲望，新需求新供给可以带来新消费增量。

中国不仅完成了传统基础设施的建设，同时也在引领全球新型基础设施的建设。目前，中国高速铁路营业里程居世界第一，达到3万公里。预测2025年全球最大的5G市场将是中国，并且会创造数万亿元的产值，未来15年5G将为全球经济增长贡献3万亿美元。

总之，在新环境下，所有人都有变化与挑战的机会，但是机会并不属于所有企业。只有把握住时机，完成转型的企业才有机会获得长久的发展。

第九章

行则将至：
"无接触商业"引导企业可持续发展

回望2020年初新冠疫情的"黑天鹅"事件，对我国经济社会的发展造成了较大的影响，各行业都在不同程度上"被牵连"。

到了2020年年底，我国疫情得到全面有效的控制，虽然这场长期的战役尚未结束，但我国经济已经开始逐渐恢复增长势头。我国政府也不断出台利好政策，扶持企业发展，提振消费信心，这些都有利于我国市场的恢复，也将为2021年的发展提供新的机遇。

新商业的到来让我们意识到，无论遇到多大的困难，只要我们同心协力，就没有翻不过去的山；只要企业与消费者心手相牵，就没有跨不过去的坎。前提是，企业首先要坚持创新、坚守品质，才能在转型的过程中实现更高的管理目标。

第九章 行则将至:"无接触商业"引导企业可持续发展

第一节 "无接触"经济下,各行业如何安然度过危机?

一、地产业:提升自身专业运营能力

传统商业地产主要依据"场"聚合商户品牌和客流形成交易平台,获取提成和租金。因此,传统地产的运营指标与组织模式是根据开发选址、物业维护、招商/出租率管理、营销运营等项目展开的。

商业地产的数字化转型最终实现的是产业链共赢,在此过程中,可以提升"场"的运营效率和营销坪效[①],帮助企业提高专业的运营能力,这样不仅给商户带来收益,而且也满足了消费者的需求。传统商业地产往往不是十分了解智能科技的应用与技巧,多数企业在数字化转型的道路上会遇到各种挑战,具体分为以下三类:

---

① 坪效,台湾地区经常拿来计算商场经营效益的指标,指的是每坪的面积可以产出多少营业额(营业额/专柜所占总坪数)。

1. 平台封闭

传统的商业地产，IT部门仅仅是公司的服务支撑部门，平台和技术都具有封闭性，没有数字化转型链接的枢纽。现在竞争越来越激烈，企业的规模也在变大，消费者需求变得多元化以及行业业态之间要求越来越高，如果商业地产想一直保持稳定增长，不被击垮，就必须完成数字化转型。而IT部门不改变，就很难完成转型。因此，企业必须完成从内向型的IT管理向开放型的IT管理平台转型，这都是数字化转型的必备条件。

2. 思维"离线"

大部分商业地产在运营时处于思维"离线"状态，对数据不够关注。IT系统的封闭性不仅难以达到相互融合与互通，而且浪费了大量成本，降低了工作效率。

传统管理思维的惯性造成企业对数据不够关注，并且领导层对数据的认知往往停留于汇报阶段，并未深度了解数据与业务之间的是相互关联、相互依靠的关系，甚至对于一些数据根本没有进行分析总结，阻碍了企业数字化转型的进程。

3. 缺乏大数据支持

商业地产就是消费者的"场"与商户的桥梁，这个"场"除了满足了在商户消费的消费者需求，还满足了消费者的衣、食、住、行、娱、购、游等生活方式。购物中心就是满足人们需求的场所，但是大众需求是跨越多个行业的，所以商业地产就要改变传统思维，解决缺乏大数据支持的问题，要实现智能化的场景链接闭环，通过生态大数据满足消费者的需求。

二、制造业：打造数字化系统供应链

企业如果没有数字化的系统支持，在疫情下就会面临倒闭的危机。中国制造业面临的考验就是需要推动数字技术物流等供应链，以及整个全球产业链的数字化。近年来，制造业想走向工业4.0时代的一大趋势就是数字化供应链。

企业供应链有两部分受到疫情的影响：一是外部环境的影响，主要包括产品市场、原材料市场和能源市场的价格和供应需求，以及对政策环境和交通环境的影响；二是内部成员的影响，主要包括交通管制引起的物流不畅、延迟复工引起的物流资源不足等物流服务影响，原材料不足、备品短缺等供应商供应能力的影响，以及延迟复工、强制隔离引起的用工人员短缺等人员到岗的影响。

为了适应市场的需求，传统的供应链也需要改变。在业务需求多样化的今天，打造灵活的数字化供应链是迫不及待的事情。智能制造与数字化供应链的融合可以针对产品的设计、生产、销售等过程完成无缝连接，从而达到降本增效的目的。

对于制造业企业来说，必须考虑产品维度、生产维度、业务维度三个维度。

1. 企业产品的维度

通过数字化供应链，把存储器、传感器、传输系统、通信模块利用物联网、云计算、计算机等导入到产品中，使产品附有通信、感知和储备等功能，进而让产品可定位、可识别、可追溯，最终达到制造业产品智能化。

2. 企业生产的维度

企业生产维度的智能化包括装备和生产方式的智能化。首先，在生产设备中，通过人工智能、信息处理、3D打印、大数据分析等技术的合成，形成具有协同化、网络化的生产设施以及自我适应、学习、组织的智能生产系统，以上都离不开数字化供应链。其次，在生产方式中，通过新技术的应用打造新生产模式与业态，具有服务型制造、个性化定制、云制造等特点。重构生产体系运行模式中的产品流、信息流、资金流，重建了新的产业生态系统、产业价值链和竞争格局，提高企业的商业流动性。

3. 企业业务的维度

企业业务维度的智能化包括服务和管理的智能化。首先，对于管理智能化，通过大数据技术和区块链技术，准确完整地掌握企业的相关管理数据，使企业具有更加高效、准确、科学的管理模式。其次，智能制造的核心内容是智能服务，多数制造型企业已经认识到转型模式的重要性。新的服务产品也会不断出现在生产方式的变革中。

数字化供应链与智能制造的有机结合并不是提高设备的效率和精度，而是智能化、合理化地使用设备，将资源价值最大化。

三、服务业：智能服务升级，凸显社会价值

随着线上销售模式日益增多，现在的商业服务已经以消费者需求为导向存在于供应链的全过程中，其中包括：全渠道、全场景、全品类、全要素等等。

伴随着环境和消费需求的改变，服务转型升级的必要性和服务要素的重要性变得尤为突出。例如，一些企业对于标准化、重复性、简单的

服务会利用机器人进行服务，而个性化、复杂的精准服务由员工亲自服务，服务效率和服务效果的双重提高，才能带给消费者更好的体验。

1. 智能服务

客户服务端有传统的托底作用，而直播、社群销售让端口前移，在某种程度上客服兼备了销售的职能。从这个角度分析，客户体验和客户服务在线上销售，甚至在整个商业过程中都举足轻重。

随着科技的发展，售后服务不再依赖于客服人员，机器人也可以代劳。人工和机器人的结合会推动社区、直播等线上销售的发展。在客服人员不足或咨询量激增的情况下，机器人可以发挥重要的作用。

2. 服务升级

疫情期间消费者需求几乎都移到了线上，消费者对服务需求的激增，供应与物流都受到影响，这时就凸显了客户体验和客户服务的重要性。

很多商家客服缺口严重，又有很多人宅在家中无所事事，因此阿里对外招聘"云客服"，既解决了平台问题又为有工作需求的人提供了机会。招募云客服能够满足短时间内的井喷式客服需求。某高校教师说，疫情期间绝大多数学生都在家里，完全有能力胜任云客服服务，在某种程度上解决了社会实践和就业需求。

疫情严重的武汉地区服务也在升级。武汉快递停运、物资短缺，很多企业针对这一问题推出了武汉专线，解决了千万武汉消费者的服务需求。从电话求助到完成求助，表面上是一个电话就解决了所有问题，其实是线下多方共同努力才得以完成的。由此产生的影响是联动的，就好比在水中丢入一块石头，一时激起一层层涟漪。

四、物流业：数字化供应链与智能制造相结合

现代社会物流业就好比城市的毛细血管，触及四面八方。清华大学对企业复工诉求的调研表明：77%的企业认为物流通道是必须要优先恢复的企业，物流需求排在企业复工的首位。但落地到运营层面，物流企业还是面临多重考验。

1. 需求突变和波动

一方面，救灾物资和医用需求激增，电商末端配送需求也与日俱增。另一方面，企业延迟复工让很多物流企业处于无货可运的状态。

波动的需求为企业调配、合理安排工作带来了很大的困难，同时突变的需求极有可能影响物流款的回流，增加现金流压力。

2. 运力和其他物质资源短缺

全国各地因隔离、流动限制让很多物流一线人员难以返岗，企业出现"用工荒"。公路运力资源也因为司机进出疫区需要隔离，而出现短缺现象导致应急仓储特别是医疗物资专用仓储急缺。

3. 网络的阻隔和切断

物流在实际运营中还要面对各类的阻隔和切断。随着通关关口关闭，跨境物流通关率低，地区性道路封闭和运输线路暂停等诸多因素叠加，导致区域性和全国网络受阻，这些都增加了物流实效保障的压力。

4. 最后一公里配送的运作和安全性挑战

封村庄、封小区的命令一下达，农村地区的包裹无法运送到村里；小区禁止进入，小区内的快递柜无法使用，终端配送的安全性和运作都面临极大的挑战。

面对上述的诸多挑战，物流企业在短期内的关注重点是要稳定网

络，加强上下游和行业协同，共同面对疫情下的运营压力。

第一，加强对运力资源和网店的支持，确保物流网络安全、可控和稳定；

第二，保持与上下游客户的充分协同和沟通，提高对需求波动和需求突变的应急管理和防控；

第三，灵活上下游合作伙伴之间一线人员的共享和借调，缓解用工荒问题；

第四，积极加入社会化平台联盟，充分共享资源和网络。

实际上，京东物流、苏宁物流、菜鸟网络等社会化物流企业和平台已经展现了强大的社会作用，尤其在疫情期间，在应急物资的调配和供给上发挥了巨大的作用，灵活的应对能力受到业界好评。物流行业在未来的发展中还需注意以下几点：

1. 科技赋能，打造智慧物流

京东物流在此次疫情中的表现可圈可点，钟南山院士更是亲笔题词，京东物流在运送医疗物资时"快"得淋漓尽致，这与京东长期在智慧物流方面的投入密不可分。京东物流无人仓中的机器人比人工效率高十几倍。展望未来，智慧物流将会从深度、广度、长度三方面继续扩大。物流企业要重点考量如何持续强化技术的投入，构建自动化、可视化和智能化的供应链体系，如何打造全科技型物流企业，这样才能持续、稳定地发展。

2. 重新审视"无接触"模式

疫情期间，"无接触"配送深入消费者，深得人心并得到了政府的鼓励和支持，扭转了智能快递柜使用率低的局面。菜鸟裹裹、百事快递、苏宁物流等企业都大力推广"无接触"配送模式，通过约定位置自提包裹，这一举措大大缓解了最后一公里配送的安全压力。在未来，"无接触"配送的发展将会为最后一公里的商业模式和功能带来更多元化的应用场景。

头部企业的实践充分说明了在整个供应链中，物流的作用不仅仅是运输物资，物流企业需要同客户深度协同。在未来，企业要想有立身之本，就要打破碎片化、提升物流节点业务兼容能力和多功能性，构建局部可调整，整体连接的物流网络。

五、零售业：直播自救，掘金私域流量池

现在无论是卖汽车还是送外卖的，无论是线上的互联网巨头还是线下的零售商，都达成了流量红利消失、获客成本提高的共识。营销创新和模式创新是企业构建属于自己品牌的私域流量池的两条不同路径。在模式创新中，我们可以看到很多企业开始效仿代表新零售的盒马鲜生。但最引人注目的是直播营销。从2020年2月开始，直播卖货红遍大街小巷，掀起了全民直播的热潮。大家都设法弥补第一季度的销量亏空。卖房、卖车、卖家具、卖冰箱……似乎一切都可直播售卖。

这种营销策略是随着互联网技术的发展，互联网文化浸入大众生活而形成的。这看上去似乎有些不可思议，但自带网红属性的直播具有强大的引流能力。直播营销，在全民居家的情况下以一种意想不到的方式显示了自己巨大的价值。面临危机的零售企业直播卖货是最佳的尝试，因为几乎零成本还可以全方位展示产品和服务，比电视直销更生动直接，能降本增效。

1. 播卖点

直播是快速完成的过程，同线下买卖双方无数次的对比和沟通完全

不同。通过直播成功的交易没有太多的铺垫，都是比较直接的，用户也没有过多的考虑与揣摩。

直播追求的是临门一脚，一锤定音后迅速到达高潮。所以售卖的产品一定要能快、准、狠地抓住消费者，让消费者有充分的购买理由。

2. 播产品

选择直播产品是很有讲究的。无论你的产品是一支口红还是一辆汽车，都要意识到直播带来的是快速且易逝的流量。因此，企业要选择具有吸引力，且价格相对较低的产品，这样才有可能在短时间内拿到大量订单。

3. 播场景

想要让屏幕前的观众在短时间内乖乖掏钱最难的是解决信任问题。你说价格实惠、产品很好、促销力度大、真正的物美价廉，但如何才能让观众相信这些呢？道具在信任建立中也很重要，直播中最好的道具就是场景。例如，特殊优惠的专属场景、热销抢购的氛围场景、生产加工的专业化场景等。

直播成功的标准不是现场火爆，下单踊跃就大功告成了。直播只是万里长征的第一步，后续的整条路才是跋山涉水的考验。

第二节 "无接触"经济下,各企业如何安然度过危机?

一、释放员工能量,降低成本

企业中,人是创造价值的根本,要依靠员工就要最大化地释放员工的能量。企业降低成本最有效的方法是提高效率,而效率来源于员工,企业想在危机中求得增长的要素之一是让员工愿意改变和奉献以取得高效率。

1. 人比利润更重要

要调动员工的积极性与创造力,为客户提供优质服务,要看领导方式,人本管理最好的注解就是:用爱经营。

商业经营中的"P"和"L"一般是指盈(profit)和亏(loss)。而玫琳凯化妆品公司总经理玫琳凯说"P"和"L"指的却是人(people)和爱(love),这一理念奠定了玫琳凯公司的企业文化以对人的关心和照顾为主打。因为重视人的因素,管理者对员工无微不至地照顾和关怀，员工会为了公司利益倾尽全力。玫琳凯公司创建已有100年的历史，没发生过任何大的行业争端，在生产、管理、盈利和营业额上基本没受到过企业内部的干扰，公司发展蒸蒸日上，竞争优势显而易见，并赢得了同行业的尊重。

2. 尊重员工创造的价值

尊重和认可员工是促进员工释放能量的重要方法，一名员工即便是已经在事业巅峰也需要得到他人的认同。管理者要多表达对员工付出的尊重与肯定。尤其是对于一线员工，他们获得高层领导认可的意义更是非同小可的。

3. 激活员工的事业心

引导员工把工作看做自己的事业，而不仅仅是谋生的手段。首先管理者要时刻告诉自己，每一个员工都是独立的个体，然后再考虑怎样才能让他们做出贡献，发挥最大的价值。

公平、公正又带有竞争意识的报酬是第一步，还要留心听取员工的心声，对他们的心愿、理想给予充分的尊重。同时，员工是企业的灵魂，一线员工更是直接与客户打交道的人，必须具有革新意识。一个具有改革精神的企业，一定会倾听与客户距离最近的员工心底的建议，授权他们按照自己的想法改变。

二、加速转型，迎接"寒冬"

小微企业因承受危机的能力较弱而成为此次疫情的最大受害者。疫情过后势必会迎来企业的"寒冬"，小微企业要思考如何在最短的时间内，以最低的风险、最低的成本获得效益。

1. 将更多业务和营销搬到线上

稻盛和夫在《把萧条当作再发展的飞跃台》一文中说道:在萧条和危机中企业要做到全员营销。而疫情下,企业不仅要全员营销,还得把营销搬到线上,这样才能缓解企业闭店、消费者足不出户的压力。

例如,红蜻蜓品牌用一天时间搭建好线上商城,两天内建立400多个超200人的社群,5000多名线下导购居家上岗。林清轩则快速启动全员天猫直播,上线2小时便有60000多人观看,卖出40万个的山茶花油。这次疫情让很多企业都体会到了数字化营销的价值,无论是快速聚集流量、提升用户体验,还是企业精准化服务、持续运营等方面都有很明显的优势。

因为此次疫情使很多用户在消费习惯和方式上都发生了改变。疫情过后,企业要迅速决定接下来的经营模式,是依旧以线下门店为主,还是将更多的线下流量搬到线上运营?如何梳理线上与线下的渠道关系?此外还要考虑如何利用数字化技术将客户信息实时传递给后台。企业应系统化地分析这些问题,再对组织、人才、技术包括营销模式因时制宜地进行转化。

2. 重构人机关系

劳动力密集的行业,如消费电子、服装纺织等行业面临最大的问题是,招工难、人力成本更是逐年增加。而只要是有人参与的环节越多,出错的概率就会越大,这样就很难保证产品质量和生产效率。以前的自动化只是解决了体力问题,解放了人们的手脚,接下来企业要做的是解决知识的自动化问题。大数据、AI、云计算等技术可以帮助企业实现知识自动化,人的经验和知识借助算法、算力传授给机器,机器则可以辅助人完成决策。这样做最直接的好处是减少人力资源,效率反而提高了。

例如，东华水泥通过搭建智能能耗优化模型，大大减少了生产过程中的电耗和煤耗，并且通过智能反控，实现水泥核心生产过程中的"无人看守"。再例如，正泰新能源是电池片生产企业，利用AI图像质检技术对多晶电池片的检验效率提升了一倍，这就意味着释放了一半的人力。

尼采曾说："凡杀不死我的，终将使我更加强大。"危机是企业的试金石，总会淘汰一些企业，也会成就一些企业，使其成为行业中的新领军者。

第三节 未来商业服务新生态：交互式场景电商

未来，"无接触商业"模式还将激活更多领域、催生出更多新的应用场景。在本书的最后，我们以电商行业为例，浅谈在"无接触商业"的大环境下，未来电商行业的商业服务走向。

首先，我们要清楚，目前我国电商行业的处境是：

1. 获取流量越来越难

在中国，提到获取流量的巨头，非淘宝和京东莫属，如今其他国内电商、跨境电商都虎视眈眈地盯着垂直领域流量，后来者获取流量变得越来越难。

2. 产品信誉度越来越低

一直以来马云都非常重视打假，但奈何商家众多、鱼龙混杂，加上一些商家真假商品掺杂出售，让打假人员无从下手。久而久之，消费者开始怀疑网上的商品是否都是正品，信誉度逐渐下滑。

3. 国人的消费模式正在从低价向高品质过渡

随着我国综合国力的提升，人们的消费水平越来越高，以前单纯追求廉价商品的行为习惯正在逐渐改变，越来越多的人开始追求品质，消费模式悄然发生着改变。

4. 消费者对品牌营销的模式逐渐倦怠

目前，很多常见的营销模式，以促销、打折为噱头，但实质是提高原价后再打折，人们对商品的价格与价值都产生了质疑，一系列问题层出不穷。

而逐渐形成的交互式场景电商是解决以上问题的一种有效方式：

一、什么是"场景电商"？

"场景"一词最早源自电影，经常在电影制作和拍摄时出现，是指在电影拍摄过程中的某个连续画面。后来由于罗伯特·斯考伯所著的《即将到来的场景时代》十分畅销，在互联网行业中，场景一词有了全新的定义。

于互联网行业而言，场景泛指生活中的画面，也就是通过移动设备、社交媒体、定位系统、传感器和大数据这五种力量重组我们的生活画面。一些新企业努力对原有生活场景进行改造进而制造新场景，掌握了这种新技术能为企业发展壮大铺路。

例如，改变出行场景的滴滴，改造购物场景的淘宝。在"无接触商业"模式下，人们的购物方式也不断推陈出新。

而电商的本质就是卖货。

二者相结合，场景电商就是基于人类需求产生的各种垂直类平台场景下的电商，这种电商不垂直于品类，也不是垂直特定社群、人群的电商，场景电商包括婚恋、运动、旅游出行、自媒体、员工福利、餐饮等方面，但也不局限于这些场景。

一方面，传统电商会针对用户需求按商品品类来寻找所需的货物，提高供应链工作效率，提升性价比。

另一方面，传统电商会通过各种手段和渠道做到精准引流，通过多种运营发放刺激运营者参与，最终让消费者相对对该类物品产生相对稳定的购物习惯。

场景电商的核心价值就是敢于创新消费，并且能引导消费。

我们以去电影院看电影为例，浅析场景消费的内涵。用户去看电影，在等候区，商家正在出售很多零食，如瓜子、饮料等。在这个场景中，零食和饮料都属于隐形需求，我们也会在无意识的情况下花钱购买，这就是场景的应用。

那么，场景电商区别于传统电商的本质区别？概括地说，主要体现在三点：

1. 产品端

全链路打通电商与垂直平台现有的场景、板块，全渠道布局，最大限度地巩固现有流量。

2. 运营端

通过"人、货、场"的大数据和智能标签，优化用户体验和展示。

3. 供应链端

基于用户对垂直平台价值观、品味和专业度的认可与信任，所以用户会放心地把选品工作交付给平台，从而节省大量的精力与时间。

例如，如果用户在某网站搜索"踏青"这个特定场景，而网站推送的服务与商品却和场景没有关联，这就无法满足用户个性化需求，更无法达到精准营销。而场景电商会在传统电商的基础上，使商品与平台达到契合，通过对"人、货、场"的大数据和智能标签分析选择出与用户需求最为匹配、性价比最高的商品，唤醒用户对产品需求的渴望，实现精准营销。可见，场景营销既能满足消费者的个性化需求，又能推动品牌商品与平台更高效地利用供给与需求的链接。

二、为什么是交互式"场景电商"？

随着网购发展，一些传统店铺成为了人们只看不买的"试衣间"，未来零售业的战略首选是实体零售和网络零售相互融合，实现优势互补。

上海家庭消费研究所进行了一项调研，内容主要是调研北上广深等20个省市的1600家服装零售店，调研结果显示：其中有71%的品牌店主希望在未来几年内，自己在经营实体店面的同时也能涉足网络销售，从而扩大销售渠道，增加销售业绩。有84%的品牌店主认为电子商务和网络营销是大势所趋。

一系列数据证实，消费者喜欢线上购物的实惠与便捷，但对线下体验又有着强烈的渴望，实体店主们也希望能够在保持线下销售的同时轻松涉足网络营销。但现实总是有很多商家陷入线下与线上相互博弈的局面，二者之间不能相互促进反而相互冲突，没有形成有效的合力，整合优势难以凸显。

基于"场景电商"的"交互"便能更好地解决这些问题。包括线上线下的渠道冲突与价格冲突问题，线上线下信息与服务交互融合问题等。这里的渠道冲突本质上就是线上线下的利益冲突，而信息交互融合问题多指会员体系、流量、产品数据、订单、支付系统、线上线下组织、服务等方面的打通与相互融合。

交互式营销理念与电子商务结合就产生了交互式概念，营销理念核心是消费者创造财富。因此，消费者有权利参与社会财富的分配，而想要参与社会财富分配最便捷且人性化的方法，就是把消费者变成经营的参与者或者是直接经营者。

交互式场景电商的特点是：

1. 交互式

把消费者变成经营者，这也意味着经营者就是消费者。

2. 参与性

把纯粹的消费者变成参与者，能够通过合理的分配机制，参与社会财富分配，按创造的效益多少分取利益。

3. 合作性

在交互式场景中，消费者与经营者不再是单纯的买卖关系，而是合作伙伴，共享利益，实现双赢。

区别于传统电商，交互式场景电商势必成为极具创新和颠覆性的新电商模式，具体表现为：

1. 销售场景：销售场景不拘泥于店铺，也包括如网购、自动收货机等其他方式；

2. 销售对象：消费维度更加丰富，消费对象有可能是某个特定的人，也可能是某团体；

3. 销售主体：出售的不仅仅是商品本身，同时也包含了相关的服务。

总之，线上与线下不是单一的功能，而是一个深度融合的体系，只有相互交融用户才能享受网络的实惠与便捷，拥有更好的体验与服务，实现用户价值最大化。

场景电商带来巨大流量并将流量转化成了电商销量，人们在获取商品信息的同时享受了购物乐趣，因此，电商未来的发展方向必然是向交互式场景电商发力。

第四节　从数字到场景的新商业规则

新的生态有了，那么新的规则是什么呢？

其实，从数字到场景，交互式场景电商正在开启场景时代的新纪元。但无论是在怎样的新场景中，都是以人为中心作为连接的载体不断延伸出新的场景。

一、未来需要的是极致化、个体化的新场景

在2020年"6·18"期间，根据天猫、京东、唯品会、苏宁、拼多多等电商平台的品类数据来看，无论是医美、助眠产品，还是体检服务、疫苗服务，亦或是以盲盒为代表的潮流玩具，这些新的消费场景体现的是极致化、个体化的消费场景，而这些业务都呈现出快速上升的态势。

如果说在过去几年里，我们总是聚焦于"人"来作为品牌的宏大叙事。那么，在今天这个场景时代，我们要用更新的观念来理解人。这里的理解不只是站在消费和商家利益的角度，而是真正站在"人"的视角去理解"人"，详见表9-1所示。

表9-1 站在"人"的视角去理解"人"的四个层次

不同层次	解读
生理层次	是打造营养保健品还是医疗小家电,锻炼器械还是代餐食品,是做家庭护理还是精细化的保健?今天这个时代,人们越来越注重最基础的生理健康问题,健康产业变得可视化、可执行。从人类基本诉求来看,这是一时的流行还是不可逆的需求,是值得后来者思考的问题。
心理层次	与生理层次相比,心理层次才是这个时代最大的痛点。也就是说,我们所遭遇的黑天鹅事件越多,我们就越是需要强大的内心。 因此,无论是河狸家采取的非接触设计,还是一些辅助人们做心理体检产品,无论是针对睡眠还是无糖等不同需求,确实给了人们更多心理层面的安全感。
身体层次	身体层次与生理层次不同的是,身体层次更注重身体全方位的综合管理。例如,微整新常态、定制化校正、美瞳饰品化都是备受人们推崇的新生活方式。那么,与人们身体相关的产品或者日常管理,正在被精细化放大。未来,人们采取的购买行动,便是基于对待自己身体的方式。
情绪层次	无论是一款新式的收音机表现出人们的释放与张扬,还是微信拍一拍让社交变得更舒缓。毋庸置疑,情绪调节是很长一段时间里人们都不可回避的问题,无论是减压组合、气味方案等解决方案正在走进人们的视线,未来的发展空间巨大。

上述这些每一条与"人"有关的,具体而微小的场景,都值得我们重新做一遍。

二、如何定义场景开发的新规则?

新时代的场景开发分为两个步骤,一是将所有业务提炼出可靠的共性数据,还原至最初的应用场景;二是通过场景重构再建模,设计出更多新场景。

例如,致力于办公领域的科创板上市公司致远互联,始终致力于"协同办公场景开发"。起初,致远互联主攻OA软件,后来随着用户需求的变化，升级成为拥有移动办公、微信小程序开发、协同云等协同办公业务场景的开发平台。

致远互联的转型，正是基于过去一段时间内，企业对于OA办公软件有了更多新场景下的需求。

从本质上看，每个企业都需要从数据可视到流程可视，开发自身的新场景，最终将新的消费者需求转化为"场景可视"。这种变化不是单纯地协同或者数字化，更不是单一发生在某一领域。例如，京东物流的社会化协作、支付宝挺进本地化社区服务、滴普科技的全场景智能等更多尚未开发的新场景，正是未来商业的竞争力和新的场景规则。企业开发的新场景越多，场景交互的能力就越强。

讲到最后，我们对企业数字化的认知也变得更加清晰。

在香港主板上市的企业微盟是中国领军的企业云端商业及营销解决方案提供商，随着企业不断深入研究场景，微盟在转型过程中挖掘出了私域直播解决方案、零售业数字化解决方案、智慧餐饮解决方案。背后支撑其改变的，正是从挖掘数据到挖掘场景，最终实现从数据的可视化到场景可视化。

未来，每家企业都要去思考自身的场景开发能力，如何更好地借助场景来升级企业的商业模式。毕竟，一招鲜吃遍天的时代已经远去，随着数字化的发展逐渐深入，为客户提供全场景解决方案的时代已经到来。

○ 新 商业思路

不浪费这个时代的每一场危机

在这一年里，企业责任人的压力要比以往大很多。在这场速度传播快、感染范围广、病情难以防控的公共卫生事件中，企业的生存变得步履维艰。企业不仅要面对全球范围内产业链与供应链受阻的问题，还要经得住国际贸易萎缩带来的市场动荡。在本书即将出版之时，疫情依然尚未完全结束，在未来很长一段时间里，企业更需面对疫情常态化和全球经济发展下滑的局面。

面对如此困境，企业首先想到的是如何生存下来。我曾经询问过一些企业家，你认为什么原因会导致你的企业倒下？每个人的答案都不同，但却几乎都没有想到这种不可抗力的因素，没想过"黑天鹅"成了威胁企业生存的关键。如今每个企业人都得思考这个问题，都要竭尽所能在这次疫情中活下来，活下去！

在这个生死存亡之季，榜样的力量尤为重要。作为行业领头羊的大企业、大机构就要发挥引领者的作用，努力成为那个挽救局面的人，在此时挺身而出的实体企业，不仅会赢得社会的关注与尊重，也能完成自己的成长与蜕变。

在我看来，三个层面能够让企业化危为机，实现蜕变。

最后，跟大家分析几个具体的案例阐述我的观点：疫情期间，企业社会责任凸显，不仅为企业赢得尊重，更能促使自己发生改变。

第九章　行则将至："无接触商业"引导企业可持续发展

1. 创新力

如今我们身处的是一个科技创新的时代，面对疫情这种重大的公共卫生事件，科技企业更有发言权。因为特殊时期科技企业对社会的赋能是无法取代的。例如，类似美国Slack的钉钉，是阿里旗下的办公软件。钉钉现在是中国耳熟能详的远程办公软件，在疫情中的表现可圈可点，仅仅用时一个月就更新了6个版本，从多角度全方位支持企业远程办公、大规模教育教学、会议等活动，为各地复产复工提供沟通媒介。

其中一次更新内容是员工健康打卡，据数据统计，从评估到上线只用了40小时，堪称史上最快更新。当然，钉钉在发展势头如火如荼的时候也受到些小损伤。因为钉钉做得太棒了，很多学校使用钉钉去上课，很多小学生讨厌钉钉让他们这么快重新上课，于是给钉钉一星差评，这被当成一个笑谈，也从另一面验证了钉钉的能力。钉钉迅速更新软件、拓宽业务给我们提供了很多的便捷服务，为我们企业的发展起到了不可替代的推动作用。也有很多企业在疫情期间都更有针对性地加强了自身的创新能力，突破困境，重塑价值。

2. 执行力

一个极富社会责任感的企业会让我们提升执行力，以中国老牌服装企业红豆为例。

疫情暴发初期正值2020年新年，在中国合家欢乐的时候，工作单位都开始休假，口罩、防护服等医用设备极度匮乏，人们非常恐慌。

面临这种情况，红豆集团当下决定提前复工复产，从做出决定到防护服下线，一共不到48小时。2020年3月24日，65万件隔离衣就运送到了抗疫一线，红豆集团也被称之为"当之无愧的抗击疫情的军工厂"，为抗击疫情做出重要贡献。

红豆集团在面临这次疫情时的果断行动，不仅履行了自己的社会责任，同时也凝聚了员工的执行力。不到两天的时间就能确定方向，完成物资供应，这里涉及到诸多问题，他们要在保证员工体温、环境监控下完成人员调配、员工集结、生产线协调与改造、面料采购等工作。

红豆集团能如此快速找准方向，这同17年前"非典"期间的表现有密切关系。在"非典"期间红豆集团就曾经把生产线改成医用口罩生产线，在本次疫情期间又升级到防护服生产。红豆集团的超强执行力让商务部看到了新的契机，其实在"非典"之后的两年，红豆就入选了"商务部重点培育和发展的出口品牌"名单，企业在南美市场和东南亚也颇有影响力。

我相信，在这次疫情过后，大家会更加了解红豆集团，政府也会更加认可这种执行力超强的企业，红豆集团更会昂首阔步地向前发展。

3. 领导力

领导者大多被赋予了预言家的色彩，是引领者的角色。科大讯飞在本次疫情中的动作就非常迅速。

在疫情最严重时，科大讯飞已有1000人驻扎在武汉。用创始人刘庆峰的话说，科大讯飞是在做"春江水暖鸭先知"的事情，他们已经习惯了在最开始就判断事态的发展与走向。所以在官方还没有宣布事态严重的时候，科大讯飞已经开始执行抗疫部署了。

第九章　行则将至："无接触商业"引导企业可持续发展

最值得称赞的是他们运用自己的科技杠杆，例如，他们有一个比很多基层医生能力更成体系的智医助理，这套体系不仅能够提供医疗服务，还能高效完成疫情排查，最后推广至全国使用这个服务。

科大讯飞是人工智能的开拓者，是亚太地区知名的人工智能上市公司，这个公司有提前预判和行动的能力，这是其他公司不具备的优势。未来，领导者大多被赋予了预言家的色彩，是引领者的角色。还会通过履行社会责任不断发展，不断发挥头部企业的作用。

通过这些案例不难发现，一个企业的执行力与企业产品的创新力以及企业领导地位都有直接关联，执行力能够更好地推动企业发展。

如今，企业的发展与人类社会的生存与进步有着密不可分的联系，企业在尽职尽责中成长突破，在履行责任中发展生存。

病毒打不倒人类，人类也终将会战胜疫情。丘吉尔说过，不要浪费每一场危机。危机下蕴藏着无限的生机，也会成就很多优秀的企业。因此，在危机时刻，无论是企业亦或个人，都应该坚持住，做抗疫过程中的勇者，做民族的脊梁。